Todos los libros de Linkgua Ediciones cuentan con modelos de Inteligencia Artificial entrenados por hispanistas. Pregúntale al chat de tu libro lo que desees acerca de la obra o su autor/a.

Para ebooks: Accede a nuestro modelo de IA a través de este enlace.

Para libros impresos: Escanea el código QR de la portada con tu dispositivo móvil.

Obtén análisis detallados de nuestros libros, resúmenes, respuestas a tus preguntas y accede a nuestras ediciones críticas generativas para una experiencia de lectura más enriquecedora.
La transparencia y el respeto hacia la autoría de las fuentes utilizadas son distintivos básicos de nuestro proyecto. Por ello, las respuestas ofrecen, mediante un sistema de citas, las fuentes con las que han sido elaboradas.

Autores varios

Memorial de Sololá

Edición de Adrián Recinos

Barcelona 2024
Linkgua-ediciones.com

Créditos

Título original: Memorial de Sololá.

© 2024, Red ediciones S.L.

e-mail: info@linkgua.com

Diseño cubierta: Michel Mallard

ISBN rústica ilustrada: 978-84-9007-817-4.
ISBN tapa dura: 978-84-1126-343-6.
ISBN ebook: 978-84-9953-837-2.

Sumario

Memorial de Sololá. Adrián Recinos

I. Historia del Manuscrito Cakchiquel

Hemos explicado en otra parte[1] los orígenes de la escritura en América, especialmente en México y Guatemala, donde este arte casi divino alcanzó su mayor desarrollo. Los escritores indígenas aprendieron rápidamente el uso del alfabeto castellano, y ya sea obedeciendo a su propio deseo de conservar por escrito los hechos y leyendas de sus antepasados que se venían transmitiendo por tradición oral y con el auxilio de pinturas, o bien accediendo a los consejos de los misioneros católicos interesados en el conocimiento de la antigüedad americana, compusieron las historias, libros y anales que forman la fuente y base principal de nuestros conocimientos sobre la vida y cultura de los primitivos pobladores del Continente.

La literatura indígena de Guatemala ha contribuido al conocimiento de la antigüedad americana con un gran libro, el *Popol Vuh*, que condensa en sus páginas las ideas cosmogónicas y religiosas de las razas que poblaron el territorio que se extiende al sur de México, y cuya mentalidad está impregnada de la cultura que propagó en aquella zona el gran civilizador tolteca Quetzalcóatl.

El pueblo quiché, cuyas tradiciones y antigua historia refiere el *Popol Vuh*, no fue el único que desarrolló una cultura importante en Guatemala. A su lado, y rivalizando con él constantemente, prosperó la nación cakchiquel, que no era en rigor diferente de la quiché, y que, al contrario, forma con ella una rama de la raza maya cuya maravillosa civili-

---

1   *Popol Vuh. Las historias antiguas del Quiché*, México, 1947.

zación brilló varias siglos antes en la región, y presenta asimismo huellas de la influencia tolteca. Juntos peregrinaron los dos pueblos desde el norte siguiendo el litoral del Golfo de México a través de la Península de Yucatán hasta fijar su residencia en las tierras altas de la actual República de Guatemala, donde vivieron bajo una misma organización social y política.

Hasta el reinado del gran rey Quikab, o sea hasta mediados del siglo XV, los cakchiqueles permanecieron unidos a los quichés y vivieron junto a la corte de sus reyes. Pero cuando Quikab fue destronado por una revuelta encabezada por sus propios hijos, los cakchiqueles, que se veían amenazados por la hostilidad de sus hermanos de ayer, desalojaron los lugares que ocupaban cerca de ellos. El mismo sabio monarca, privado de la autoridad real, les aconsejó que fueran a establecerse en la fértil zona que se extiende alrededor de Yximchée (junto al actual Tecpán-Guatemala), donde fijaron la capital de su nación.

Allí se engrandecieron, vencieron a sus enemigos, hicieron grandes conquistas y vivieron en la abundancia hasta que los españoles los subyugaron en el siglo XVI.

Las vicisitudes de esta nación, sus luchas, sus triunfos, sus sufrimientos y su esclavitud y miserias cuando sopló sobre ellos el vendaval de la conquista extranjera, fueron descritos en un libro compuesto a fines del siglo XVI por varios indios instruidos en la escritura moderna. Este libro se conservó en el pueblo de Sololá, cabecera de corregimiento, situado en una montaña que domina el Lago de Atitlán, y fue recogido más tarde por los religiosos de San Francisco que administraban espiritualmente la región. El padre fray Francisco Vázquez, cronista de la *Seráfica Orden*, lo tuvo en sus manos desde fines del siglo XVII y lo utilizó en la narración de algunos episodios de interés para la historia general del país y especialmente para la historia de la fundación y desarrollo de los conventos franciscanos de Guatemala. A aquel libro llama el padre Vázquez «los papeles de los indios».[2]

Consumada la independencia de Centroamérica en 1821, y apenas organizada la República federal, estalló la guerra civil que produjo finalmente la separación de los Estados. El año de 1829, el general Francisco Morazán, al frente de un ejército compuesto principalmente de fuerzas de El Salvador y Honduras, ocupó la capital de Guatemala. El nuevo gobierno que se estableció con ese motivo decretó la expulsión de las congregaciones religiosas, y como consecuencia de esta medida los archivos y bibliotecas de los conventos fueron trasladados a centros pertenecientes al Estado o a la Curia eclesiástica, y no fueron pocos los que pasaron a manos de personas particulares. El manuscrito cakchiquel quedó por entonces bajo la protección de la Curia eclesiástica.

El abate francés Charles Etienne Brasseur de Bourbourg visitó Guatemala en 1855 y se dedicó a estudiar la historia y las lenguas indígenas del país, con el apoyo del arzobispo doctor Francisco García Peláez, que era también historiador distinguido, y que, como dice Brasseur, simpatizaba con todos los hombres de estudio. El investigador europeo recibió también valiosa ayuda de parte del doctor don Mariano Padilla, dueño de «una colección de libros y papeles que pueden considerarse como la biblioteca americana más completa de la América Central».[3] El doctor Padilla había reunido en su colección muchos documentos originales y copias de otros tantos, relativos a la historia y a las lenguas

2   Vázquez, vol. I, cap. XXI.
3   Brasseur, 1857, vol. I, págs. XXXV-XXXVI.

del país. Hombre de espíritu amplio y desprendido, y amigo de las demás personas aficionadas a estos trabajos, sirvió de guía al doctor Carl Scherzer, quien visitó Guatemala en 1854 y publicó en Viena, tres años más tarde, la versión de Ximénez del *Popol Vuh*. Con el abate Brasseur de Bourbourg, Padilla llevó su generosidad hasta el grado de cederle algunos de los documentos que formaban su valiosa colección histórica.

El abate encontró en Guatemala otro espíritu no menos generoso e instruido en las antigüedades del país: don Juan Gavarrete, a quien el polígrafo francés llama «joven y celoso arqueólogo guatemalteco». Brasseur recuerda también, entre los amigos que tuvo en Guatemala, a don Francisco Gavarrete, hermano de don Juan, autor de la obra más antigua que se conoce acerca de la geografía de Guatemala.[4]

Don Juan Gavarrete conocía todos los documentos históricos de los archivos civiles y eclesiásticos, y acometió la empresa gigantesca de paleografiar los más importantes. El trabajo de más aliento realizado por él fue la transcripción de la *Historia de la Provincia de San Vicente de Chiapa y Guatemala*, por fray Francisco Ximénez, en seis volúmenes y cerca de 2.200 páginas. Dicha copia se conserva en la Biblioteca Nacional de Guatemala. Gavarrete paleografió también parte de la *Recordación Florida* de Fuentes y Guzmán, las *Historias del Origen de los Indios* del padre Ximénez, las *Cartas del conquistador don Pedro de Alvarado* y muchos otros documentos relativos a la historia de Guatemala.

Comisionado en 1844 para reorganizar el archivo del convento de San Francisco de la ciudad de Guatemala, que

4 Francisco Gavarrete, *Catecismo de Geografía de la República de Guatemala*.

se encontraba bajo la custodia del arzobispado, descubrió entre aquellos papeles un manuscrito en lengua cakchiquel compuesto de 48 folios redactados de una misma mano en caracteres españoles y letra de principios del siglo XVII. Cuando, en 1855, llegó a Guatemala el abate Brasseur de Bourbourg, tuvo conocimiento del manuscrito, y comprendiendo su importancia para el estudio de la historia antigua del país, se ocupó en traducirlo al idioma francés y finalmente lo guardó para sí con la misma facilidad con que adquirió otros documentos de la misma clase. Antes de regresar a Europa dejó copia de su traducción al señor Gavarrete, quien la trasladó a su vez al castellano y la dio a luz en 1873 en el *Boletín de la Sociedad Económica de Guatemala* con el título de *Memorial de Tecpán Atitlán*, que le dio el primer traductor de este documento.

El señor Gavarrete refiere la historia del hallazgo de este manuscrito en la «advertencia» que puso al frente de su edición del *Memorial*, el cual dice que fue «encontrado casualmente por el editor cuando en el año 1844 se hallaba ocupado en arreglar el archivo del convento de San Francisco de esta capital, por disposición del limo. señor Arzobispo doctor don Francisco García Peláez para devolverlo a los religiosos de aquella orden, de cuyo restablecimiento se trataba». Agrega que el documento fue examinado «por muchas personas versadas en los idiomas indígenas sin que pudiera obtenerse, a pesar de sus esfuerzos, una traducción íntegra y exacta de su texto, habiendo sido bastante, sin embargo, lo que de su sentido pudo percibirse, para venir en conocimiento de su grande importancia histórica».

Continúa diciendo que en 1855 el abate Brasseur de Bourbourg, «habiendo habido a las manos el manuscrito de que se trata, se dedicó a traducirlo empleando los conocimientos que ya poseía en el idioma mexicano y en las tradiciones primitivas de los pueblos de este continente, y valiéndose, además, de vocabularios antiguos de las lenguas quiché y cakchiquel, con lo que logró llevar a cabo su empresa vertiéndole del cakchiquel al francés, aunque, a decir verdad, el mismo traductor, habiendo hecho posteriormente grandes progresos en el conocimiento de estos últimos idiomas y en la generalidad de sus estudios americanos, manifestó alguna desconfianza sobre la exactitud de una versión que desde entonces no tuvo ocasión de ver y corregir. El texto, sin embargo, quedó en su poder, y en la gran Colección histórica que logró formar se halla marcado con el número IX; pero habiendo dejado al que suscribe el borrador de su traducción, de él se ha servido para verterlo a su vez al español, coleccionándolo entre los documentos históricos del Museo Nacional y darlo ahora a la publicidad».

Brasseur utilizó el manuscrito cakchiquel en la composición de su *Histoire des Nations Civilisées du Mexique et de l'Amérique Centrale*, y aun llegó a incluir algunos pasajes completos del mismo en el tomo primero de dicha obra, pero nunca publicó su traducción íntegramente. El mismo investigador es responsable del título con que este documento ha sido conocido desde entonces, *Memorial de Tecpán-Atitlán*, por haber sido escrito en Tzololá, comunidad indígena de la raza cakchiquel establecida desde tiempo antiguo junto al Lago de Atitlán. Los mexicanos que ayudaron a los españoles a la conquista de Guatemala dieron a aquel lugar el nombre de Tecpán-Atitlán, pero el nombre primitivo ha subsistido, y el antiguo centro comercial se conoce hoy con el nombre eufonizado de Sololá. Por esta razón creemos más adecuado el título de *Memorial de Sololá* con que presentamos el documento indígena en esta edición.

A la muerte de Brasseur, su Colección Americana de documentos históricos y lingüísticos, a que esta obra pertenecía, pasó a manos de Mr. Alphonse Pinart, quien la puso en venta en París del 28 de enero al 5 de febrero de 1884. En el catálogo respectivo figuran una copia y la primera traducción del documento con el título de *Memorial de Tecpan-Atitlan, texte cakchiquel et essai de traduction frangaise en regard, faite á Rabinal en 1856. Ms. 68 ff.* El manuscrito indígena y la traducción de Brasseur fueron adquiridos por el doctor Daniel G. Brinton. Este distinguido investigador norteamericano estudió el importante documento indígena, lo tradujo al inglés y lo editó en 1855, y finalmente lo donó a la biblioteca del Museo de la Universidad de Pensilvania, en Filadelfia, donde se conserva como parte de la colección que lleva su nombre.

En 1885 publicó el doctor Brinton la interesante obra que intituló *The Annals of the Cakchiquels*, y que contiene el texto original del libro indígena, acompañado de su traducción al idioma inglés, una extensa introducción y algunas notas, todo presentado en la forma académica e irreprochable que caracteriza las publicaciones de aquel eminente sabio americanista. Brinton menciona en esta obra las noticias relativas al documento indígena y las traducciones que de él se habían hecho hasta aquel tiempo. Asegura que el abate Brasseur tenía la intención de editar el texto original junto con su versión al francés, pero no vivió lo suficiente para realizar su deseo.

El doctor Brinton había traducido previamente al idioma inglés una gramática de la lengua cakchiquel, de autor desconocido, que el doctor Mariano Gálvez, Jefe del Estado de Guatemala, donó en 1836 a la Sociedad Filosófica Americana de Filadelfia, junto con otras obras de la misma índole. El estudio de esos trabajos proporcionó al doctor Brinton un conocimiento general de la lengua en que fue escrito el *Memorial de Sololá* y le permitió llevar a cabo su traducción al inglés, la cual dice haber hecho directamente del texto indígena, pero con ayuda de la versión manuscrita de Brasseur de Bourbourg, cuya copia poseía. Sin embargo, como el mismo doctor Brinton declara, su traducción se aparta frecuentemente de la del americanista francés.

Brinton no creía haber superado todas las dificultades que ofrece este documento, y advierte que su objeto en este y los demás volúmenes de la serie de literatura indígena americana publicada por él, ha sido suministrar material de estudios y no presentar un trabajo acabado. Lo cierto es que la publicación, en inglés, del documento histórico de los indios cakchiqueles de Guatemala, ha atraído sobre ese pueblo, desde 1885, la atención de los hombres de estudio de los Estados Unidos y Europa.

El profesor de la Sorbona Georges Raynaud, autor de una traducción moderna del *Popol Vuh*, emprendió también la versión al francés del libro cakchiquel, conforme al texto publicado por Brinton. Ese trabajo, traducido al castellano por Miguel Ángel Asturias y J. M. González de Mendoza, ha sido editado con el nombre de *Anales de los Xahil de los indios cakchiqueles*.

Brinton no publicó todo el manuscrito de Sololá. De las 96 páginas que contiene, solamente dio a conocer 48, que a su juicio eran las que encerraban asuntos de interés general. En 1934, el licenciado don J. Antonio Villa-Corta publicó en Guatemala el texto indígena completo en la obra que lleva por título *Memorial de Tecpán Atitlán (Anales de los Cakchiqueles)*. El texto original va acompañado en la edición del señor Villacorta de una traducción castellana que sigue de cerca a la de Brinton y que tampoco va más lejos del punto en que Brasseur suspendió la suya.

Recientemente, el padre guatemalteco Celso Narciso Teletor ha publicado una versión española de las partes del *Memorial* que no habían sido traducidas anteriormente.[5]

El doctor Ernest Mengin, de Copenhague, tiene en preparación una edición en facsímil del manuscrito cakchiquel de Sololá, como parte de la serie intitulada *Corpus Codicum Americanorum*.[6]

II. Los autores del Memorial

La cuestión relativa al autor o autores del *Memorial de Sololá* no presenta mayor dificultad. Es indudable que en su redacción intervinieron varias personas, cuyos nombres aparecen en algunos lugares del manuscrito. Desde luego, la sección legendaria que se refiere en la primera parte representa la tradición popular conservada durante centenares de años y transmitida de generación en generación. Un miembro de la familia o parcialidad de los Xahil tuvo la feliz idea, y la capacidad intelectual, de recoger esa tradición y escribirla, después de la Conquista, en su idioma original, valiéndose del alfabeto castellano.

El mismo escritor, u otro más moderno, prosiguió el relato y refirió las hazañas de los reyes y guerreros, las conquistas y fundaciones de pueblos, la sucesión de los jefes de la nación hasta la llegada de los conquistadores europeos. Se observa en esta parte un orden cronológico que justifica el título de *Anales de los Cakchiqueles*, que Brinton dio a este documento. La narración prosigue de la misma mano por algún

5   1946. (N. del E.)
6   Se editó en 1952. (N. del E.)

tiempo, pero es indudable que, en la última época, varias personas tuvieron acceso al libro cakchiquel convirtiéndolo en una especie de diario de la comunidad indígena, en el cual se registraron nacimientos y muertes, tránsito de viajeros importantes, disputas de tierras, incendios de casas y plantíos, eclipses, terremotos, prisiones, socorros a gentes necesitadas, contribuciones, gastos comunes, compra de campanas, retablo y órgano para la iglesia, etc., etc. Toda la vida de la comunidad indígena se refleja en este curioso libro. A él puede aplicarse la frase de Brinton —quien dice hablando de los *Libros de Chilam Balam*— que todos esos volúmenes son una especie de libro de memorias en que se copiaron artículos diversos de libros más antiguos y sucesos contemporáneos de interés general o particular.

El *Memorial de Sololá* es justamente eso, y bien puede afirmarse que en su composición tomaron parte varios miembros de la antigua familia de los Xahil. Uno de ellos, Francisco Hernández Arana, nieto del rey Hunyg, declara su nombre hacia la mitad de la obra; y otro, Francisco Díaz, continúa la narración desde el punto donde la dejó el primero, hacia el año 1581, y la lleva hasta el año 1605. Del libro primitivo, escrito por estos dos compiladores, y que contenía, además, otros documentos de distinta mano, se sacó, probablemente a mediados del siglo XVII, la copia que se conserva hasta hoy y que parece ser la obra de un perfecto pendolista.

Debe advertirse que el primero de los compiladores no agregaba a su nombre la palabra Xahilá, y que el segundo se llamaba a sí mismo Francisco Díaz a secas, sin el aditamento de Gebutá Queh que arbitrariamente le impuso Brasseur de Bourbourg.

En los párrafos 117 y 118 relata el primer autor que los yaquis (mexicanos) de Culuacán, enviados por el emperador

Moctezuma, fueron recibidos por los reyes Hunyg y Lahuh Noh allá por el año de 1510, y que él vio a los enviados y a sus numerosos acompañantes. Suponiendo que Hernández Arana tuviera en 1510 cinco años de edad, mínimo necesario para que se grabara en su memoria la llegada de los mexicanos, se puede fijar supletoriamente el año de su nacimiento en 1505.

En los párrafos 130 y 131 nos informa el autor que su padre fue el Ahpop Achí Balam, hijo primogénito del rey Hunyg. En el mismo lugar anota que el segundo hijo de aquel jefe se llamaba Ahmak y fue el padre de don Pedro Solís. Este don Pedro Solís parece haber sido hombre importante, y desarrolló su vida paralelamente a la de Hernández Arana. Fue alcalde varias veces, y en 1580, cuando había llegado a avanzada edad, lo designa el manuscrito como el Ahpoxahil, o rey cakchiquel. Murió en 1584.

Abuela del autor y de don Pedro Solís fue la reina Chuuyzut, primera esposa del rey Hunyg. Desgraciadamente, el rey y su hijo el Ahpop Achí Balam murieron en 1521, a consecuencia de la peste. Fueron electos entonces como reyes Cahí, Ymox y Beleché Qat, los últimos monarcas independientes de la nación cakchiquel. «Nosotros éramos niños —dice el autor— y por eso no nos escogieron a nosotros.» Efectivamente, Hernández Arana tendría entonces catorce años, y quedó sin el apoyo de sus padres. Es probable, sin embargo, que cuando mucho después contempló el sacrificio de los últimos reyes bajo el dominio de los españoles, haya bendecido el hecho de que sus mayores no lo hubieran tomado en cuenta al elegir a los sucesores de su padre y abuelo.

Un año más tarde, en 1522, Hernández Arana contrajo matrimonio, cuando tenía probablemente dieciséis años de edad. Era costumbre de los antiguos indios (fielmente seguida por los modernos) casar a sus hijos en edad temprana, y en el caso presente, es justo reconocer que Hernández Arana necesitaba más que nunca la compañía de una buena esposa.

En abril de 1524 presenció la llegada de los castellanos a la capital cakchiquel. «Sus caras no eran conocidas, y los señores los tomaron por dioses.» También Moctezuma había cometido el error, fatal para su imperio, de creer que Cortés era el propio dios Quetzalcóatl que realizaba su anunciado retorno al hogar de sus mayores.

Luego vino la insurrección general contra los castellanos, y los reyes y el pueblo entero abandonaron las ciudades y se refugiaron en los montes, huyendo del maltrato y las exacciones de los invasores. Durante cuatro años pelearon contra ellos, sufriendo pérdidas cuantiosas. Nuestro autor dice que en esos críticos tiempos pasó muchas penalidades y que dos veces estuvo en peligro de muerte.

El 12 de enero de 1528 nació su hijo Diego, cuando sus padres se encontraban en Bocó, hoy Chimaltenango. Por una coincidencia ese día comenzaron los cakchiqueles a pagar el tributo a los españoles y con ello se afianzó la paz. Este hijo Diego Hernández Xahil tuvo también una carrera cívica importante; fue electo alcalde de Sololá en 1559, 1567, 1573, 1576, 1583 y 1586.

El autor refiere los trabajos forzados impuestos a los indios en los lavaderos de oro, en las obras de construcción de la capital de la colonia y en los caminos; los actos de violencia de Alvarado, las ejecuciones de los nobles y la destrucción de la primera ciudad de Guatemala en 1541, y registra la muerte del adelantado y la de su esposa doña Beatriz de la Cueva.

Describe también la fundación y desarrollo de Sololá, que llegó a ser un centro importante de la nación cakchiquel, y los trabajos de conversión e instrucción religiosa llevados a cabo por los frailes de las diferentes órdenes.

El 1.º de enero de 1559, a tiempo que estaba escribiendo, fue atacado el autor por otra epidemia que causó innumerables víctimas en todo el país. Poco después, en 1560, aparece una nota en la cual un desconocido miembro de la comunidad indígena apunta que ese año murieron su padre, su madre y sus hermanos. Esta nota confundió a Brinton porque supuso que la había escrito el conocido autor del *Memorial*, que, en tal caso, no podía ser Francisco Hernández, cuyos padres murieron en 1519. Lo que ocurre en este lugar ha sido apuntado anteriormente; al libro de memorias de Sololá tenían acceso muchos de los vecinos del pueblo y alguno de ellos ha de haber escrito esta noticia de la muerte de sus padres, sin cuidarse de decir quiénes eran ellos ni quién era él. La existencia de otras anotaciones de diferentes individuos apoya esta explicación.

Don Pedro Solís y Francisco Hernández fueron alcaldes en 1561. Hernández volvió a serlo en 1562.

La última mención del nombre de nuestro autor se encuentra en el párrafo 212, donde se lee lo siguiente: «Nació Catalina, hija de Pedro Ramírez y mi hija ante Dios [ahijada]. Yo, Francisco Hernández Arana, en el mes de diciembre del año de 1581».

En 1583 aparece por primera vez una anotación suscrita por Francisco Díaz, la que dice así: «Me casé aquí, yo el viejo pacal Francisco Díaz, con Francisca Catalina, hermana del difunto Diego Pérez Atzih Vinak Baqahol». Desde este lugar en adelante aparece con frecuencia el nombre de Francisco Díaz, quien fue varias veces alcalde y mayordomo de la cofradía, casó tres veces, tuvo muchos hijos y sufrió prisiones y destierros, al parecer por causas baladíes, embriaguez y otras faltas que, por lo visto, se castigaban con rigor en aquel tiempo, principalmente cuando eran cometidas por los indios. En 1594 visitó la ciudad de México acompañando a varios religiosos.

Francisco Díaz, continuador del *Memorial Cakchiquel*, era hijo de Pedro Can y nieto del pequeño pacal Diego López, según declaración de esta última persona, que dejó escritos un testamento y una relación de sus antepasados en el libro común de Sololá. En dichos documentos afirma Diego López que sus abuelos descendían del rey Oxlahuh Tzíi. Por consiguiente, fue un error de Brasseur, que todos sus sucesores han repetido, unir al nombre de Francisco Díaz el de Gebutá Queh. Este último nombre aparece ciertamente en otro lugar del *Memorial*, pero no le corresponde al hijo de Pedro Can. Es evidente que Brasseur leyó muy por encima las páginas 14 y 15 del manuscrito, no traducidas por él, en que Francisco Canux, hijo de Gebutá Queh, creyó oportuno consignar la historia de su familia, la que no parece haber tenido relación alguna con la familia de Francisco Díaz.

Debe tenerse, en consecuencia, como únicos autores conocidos de la parte narrativa del *Memorial de Sololá* a Francisco Hernández Arana y a Francisco Díaz, miembros ambos de la familia Xahilá y descendientes del rey Oxlahuh Tzíi.

III. Contribución a la historia

No dedica mucho espacio este documento a las ideas cosmogónicas, aunque, sí describe en pocas líneas la creación del hombre y confirma las ideas del *Popol Vuh* acerca de este asunto. Envueltos en el velo de la fábula relata algunos episodios de la edad heroica, rindiendo culto a lo maravilloso como todos los pueblos primitivos. Pero el mérito principal de la obra radica en su valiosa contribución a la historia, desde las primeras fundaciones de los indios hasta la conquista española y el primer siglo de la colonización.

En la introducción al *Memorial* anuncia el autor que va a escribir las historias de sus antepasados, tal como ellos solían contarlas; cómo llegó su pueblo, desde el otro lado del mar, a la legendaria Tulán, núcleo de las razas de México y Guatemala, y cómo, después de organizarse, los guerreros de las siete tribus emprendieron el viaje hacia el sur, buscando los montes y valles donde debían fijarse y prosperar bajo el Sol de la civilización.

Es interesante notar que el manuscrito cakchiquel, lo mismo que el *Popol Vuh* y demás documentos quichés y los *Libros de Chilam Balam*, señalan a la legendaria Tula como el centro de difusión de las razas que poblaron las tierras de la Península de Yucatán y el interior de la actual República de Guatemala. Aunque entre los arqueólogos e historiadores ha habido discrepancia acerca de la localización de Tula, hoy parece un hecho establecido que la ciudad prehistórica era la misma cuyas espléndidas ruinas se contemplan al norte de la capital de México, en el Estado de Hidalgo, en el centro de la zona de Tula-Jilotepec. Es curioso observar que los investigadores no debatieron ni resolvieron este punto hasta fines del siglo pasado y primeras décadas del actual, y, sin embargo, un documento indígena de Guatemala había fijado desde la época de la Conquista la localización de la ciudad de las siete barrancas, la Tulán Ziván de los quichés, el Chicomoztoc de los aztecas. En efecto, el historiador guatemalteco Fuentes y Guzmán, escribiendo a fines del siglo XVII,[7] decía que en el manuscrito de don Francisco Gómez, primer Ahzib quiché, que le confió el padre Vázquez, cronista de la orden fran-

7 Fuentes y Guzmán, 1.ª parte, lib. VII, cap. II.

ciscana, se leía que la familia de Tanub (jefe quiché) había fundado «la gran ciudad de Tula en el lugar que corre entre Santiago de los Valles y Xilatepeq, 50 leguas de México, de donde salieron innumerables y nobles gentes por orden de su oráculo a poblar de nuevo y fundar su monarchía en otra parte, para cuyo fin y buen efecto peregrinaron más término de 700 leguas con largos rodeos y demoras, parando muchos años, y muy de asiento, en sitios y parajes de su camino, hasta llegar, por orden de su oráculo, a darle vista a una laguna para hacer su fundación».

El *Memorial de Sololá* menciona los lugares por donde pasaron las tribus después de su salida de Tula, la estación que hicieron junto a la Laguna de Términos, que parece haber sido en el siglo X la zona de concentración de los pueblos emigrantes, y su llegada al interior de Guatemala. Algunos de los lugares mencionados en este documento conservan todavía su nombre antiguo. En la Introducción al *Popol Vuh* hemos dado todos los pormenores conocidos acerca de la peregrinación de los quichés y cakchiqueles, por lo cual referimos a aquel lugar al lector que se interese por esta materia.

Según se cuenta en este libro, los cakchiqueles convivieron en buena armonía con los quichés hasta mediados del siglo XV. Cooperaron en las conquistas del gran rey Quikab; pero cuando este monarca fue destronado, como se ha dicho anteriormente, a consecuencia de una revuelta encabezada por sus propios hijos, la nación cakchiquel se estableció por separado en el territorio que se extiende desde el Lago de Atitlán hasta los volcanes de Agua y de Fuego, y hasta las montañas del norte que los indios llamaban de Nimaché, o árboles grandes, alusión a los corpulentos cipreses y abetos que allí crecen. Al pie de dichas montañas corre el caudaloso Río Motagua Nimáya, o río grande. Los cakchiqueles fundaron su capital en el monte Ratzamut y la llamaron Yximchée, nombre del árbol conocido actualmente con el nombre de ramón.

Declarada la rivalidad entre los dos pueblos, se sucedió una serie de guerras que duró once años, como resultado de las cuales se debilitaron los quichés y se consolidó el reino cakchiquel.

En 1510 el emperador Moctezuma II envió una embajada a la corte de Yximchée, probablemente para comunicar a los reyes los temores que abrigaba por la presencia de los españoles en las islas de las Antillas. El autor del *Memorial* refiere haber presenciado la llegada de los mensajeros mexicanos.

Algunos años después los cakchiqueles, seguramente bien informados de la fuerza y poderío militar de los españoles, e impresionados por la conquista de México, buscaron la amistad de Hernán Cortés y le enviaron una embajada ofreciéndole acatar la soberanía de España. El hecho quedó consignado en la carta de Cortés al emperador Carlos V, fechada el 15 de octubre de 1524, en la cual el conquistador de México relata varios acontecimientos ocurridos hasta entonces. Refiere Cortés que regresando de la provincia de Panuco, en una ciudad llamada Tuzapán (¿Tuxpan?), se encontró con dos españoles que había enviado en unión de algunos naturales de Tenuxtitlán (México) y otros de la provincia de Soconusco «a unas ciudades de que muchos días había que yo tenía noticia, que se llaman Ucatlán y Guatemala, y están desta provincia de Soconusco otras 60 leguas». Y agrega: «Con los cuales dichos españoles vinieron hasta cien personas de los naturales de aquellas ciudades, por mandato de los señores dellas, ofreciéndose por vasallos y súbditos de Vuestra Cesárea Majestad». El hecho parece indudable, pero a juzgar por los acontecimientos ulteriores no deben haber to-

mado parte en la embajada los quichés de Utatlán, que poco
después resistieron denodadamente la invasión española. Es
probable que hayan sido solo los cakchiqueles de Iximché, ya
desde entonces llamada Guatemala, los que se ofrecieron de
paz a los castellanos.

Es bien sabido —y el libro de Sololá lo explica claramente— que los cakchiqueles continuaron demostrando sus sen-
timientos amistosos hacia los españoles, hasta que las exigen-
cias de éstos y el trato duro que daban a los indios sometidos,
los obligaron a levantarse en armas en la gran insurrección
general que se inició el mismo año de 1524 en que dio principio la Conquista. Los propios españoles acusaron a Alvarado
por las exacciones y actos de violencia que había cometido
con los indios, y ese fue el origen del proceso instruido en
México en 1529 contra el conquistador de Guatemala. Entre
los cargos que entonces se le hicieron figura el de que había
pedido a los reyes cakchiqueles que le dieran mil hojas de
oro de a 15 pesos cada hoja, de lo cual le entregaron una
parte, y que «por temor que del ovieron por las crueldades
que le vieron fazer e porque avía tomado la señora muger del
cacique para la traer por su manceba e porque le tenían por
onbre codecioso e cruel, se alzaron de guerra e ansi han estado mucho tiempo e lo mismo fizieron en todas las comarcas
e dezian e publicaban los señores e naturales que mientras el
dicho Pedro Alvarado fuera capitán, no estañan de paz con
los cristianos aunque murieran en la guerra».[8]

Alvarado negó haber tomado por fuerza a la mujer del cacique; declaró haberse apoderado de una india vieja que llamaban Súchil porque ésta sabía los secretos de la tierra que
los señores se negaban a revelarle, y que esa mujer le sirvió
de guía para marchar a la conquista de Cuzcatlán (El Salva-

8   Proceso de Alvarado, Interrogatorio, § XXV.

dor). El *Memorial* dice solamente, acerca de este asunto, que cuando Tunatiuh volvió (de Cuzcatlán) pidió una hija del rey cakchiquel, y que los señores se la dieron.

En cuanto a la exigencia del oro, Alvarado se limitó a presentar testigos que declararon que lo que los indios le dieron «cuando entró en la cibdad de Guatemala» no llegaba a 2 o 3.000 pesos de oro bajo «en cuentas e axícaras e bezotes».

Y respecto a la sublevación de los indios, se dice en la *Provanza* de los descargos del Adelantado que «después que volvió [de Cuzcatlán] a la provincia de Guatemala, los naturales della se alzaron y rebelaron contra el servicio de Su Magestad faziéndoles el dicho don Pedro de Alvarado buenos tratamientos, e aquella noche que se alzaron cenaron muchos señores y principales a su mesa con él e después de alzados le dieron muy cruda guerra e hicieron muchos hoyos e minas con estacas cubiertas con tierra e yerva donde cayeron e murieron muchos cavallos y españoles».

Coinciden en este punto los documentos españoles y el manuscrito indígena, pero éste nos revela que los indios se atrevieron a lanzarse a la revuelta engañados por un falso profeta de su raza que les ofreció usar de poderes sobrenaturales para aniquilar al invasor. Los indios lucharon en vano muchos años, sufrieron muertes y privaciones sin cuento, perdieron sus cosechas, sus hogares y su capital, que fue incendiada por los españoles, y finalmente se sometieron y aceptaron la esclavitud, el tributo y los vejámenes que siguió imponiéndoles el conquistador. Varios príncipes y señores fueron sacrificados, e igual destino sufrieron el último rey cakchiquel y el último rey quiché, a quienes, según el cronista Vázquez, tuvo presos «conservándoles las vidas el piadoso don Pedro de Alvarado hasta el año 1540...».

Al desaparecer Alvarado se aliviaron los sufrimientos de los indios y el *Memorial* hace justicia al trato moderado y conmiseración que aquéllos encontraron en los sucesivos gobernadores, como Maldonado y Cerrato. «Pronto cesó el lavado de oro, se suspendió el tributo de muchachas y muchachos. Pronto también cesaron las muertes por el fuego y en la horca y cesaron los despojos en los caminos por parte de los castellanos. Pronto volvieron a verse transitados los caminos por la gente como lo eran antes de que comenzara el tributo», dice el *Memorial*, hablando de la llegada de Maldonado. Y más adelante comenta que «el señor Cerrato alivió verdaderamente los sufrimientos del pueblo».

De esta manera el venerable documento indígena presenta el cuadro de la Conquista y colonización con sobriedad y mesura, pero también con los colores de la verdad que brillan solamente en la auténtica historia. Con razón el escritor norteamericano Justin Winsor (vol. II, pág. 419) declara que «tal vez la contribución indígena más importante a la historia de Guatemala es el *Memorial de Tecpán Atitlán* de Ernández Arana», y que este documento «es de gran valor porque proporciona la relación indígena de la conquista de Guatemala».

Primera parte

1. Aquí escribiré unas cuantas historias de nuestros primeros padres y antecesores, los que engendraron a los hombres en la época antigua, antes que estos montes y valles se poblaran, cuando no había más que liebres y pájaros, según contaban; cuando nuestros padres y abuelos fueron a poblar los montes y valles ¡oh hijos míos! en Tulán.[9]

2. Escribiré las historias de nuestros primeros padres y abuelos que se llamaban Gagavitz el uno y Zactecauh el otro;[10] las historias que ellos nos contaban: que del otro lado del mar llegamos al lugar llamado Tulán, donde fuimos engendrados y dados a luz por nuestras madres y nuestros padres ¡oh hijos nuestros!

Así contaban antiguamente los padres y abuelos que se llamaban Gagavitz y Zactecauh, los que llegaron a Tulán, los dos varones que nos engendraron a nosotros los Xahilá.[11]

3. He aquí los nombres de las casas y parcialidades de los Gekaquch, Bakaholá y Zibakihay:[12]

---

9   Tulán, la ciudad prehistórica, centro de distribución de todas las tribus de México y la América Central, como adelante se dirá.

10 Gagavitz, «cerro de fuego, volcán», Zactecauh, «montón blanco, cerro de nieve». La palabra vitz o uitz es maya y significa cerro o montaña.

11 Xahilá, de xah, bailar, probablemente eran los bailarines que ejecutaban las danzas sagradas. En el orden presentado por el autor, esta familia era la primera del pueblo cakchiquel. Las otras tres casas o familias se enumeran a continuación.

12 Gekaquch, «buitre negro», es el ave conocida con el nombre vulgar de zopilote. Baqahol, «el que hace a los hijos». Zibaquihay, «casa de zibaque», «el meollo de un junquillo con que se hacen petates», según Barela.

Katún y Chutiah, así llamados, engendraron a los de Baqaholá.

Tzanat y Gucuchom, así llamados, engendraron a los Gekaquchi. Daqut Ahauh y Chabom Ahauh engendraron a los Zibakihayi.

Así, pues, éramos cuatro familias las que llegamos a Tulán, nosotros la gente cakchiquel ¡oh hijos nuestros!, dijeron.[13]

Allí comenzaron los Caveki, que engendraron a los llamados Totomay y Xurcah.

Allí comenzaron también los Ahquehay que engendraron a Loch y Xet.

Comenzaron igualmente los Ah Pak y Telom, que engendraron a los llamados Qoxahil y Qobakil.

De la misma manera dieron principio también allí los Ikomagi.[14]

Y esas cuatro ramas que allá comenzaron eran las tribus.

4. He aquí las historias de Gagavitz y Zactecauh; éste es el principio de las historias que contaban Gagavitz y Zactecauh:

«De cuatro [lugares] llegaron las gentes a Tulán. En oriente está una Tulán; otra en Xibalbay, otra en el poniente, de allí llegamos nosotros, del poniente; y otra donde está Dios. Por consiguiente había cuatro Tulanes ¡oh hijos nuestros!»

13 Katún, «quemado, o nacido el día Qat». Chutiah, «caña pequeña». Tzanat, especie de tordo, comúnmente llamado sanate (Quiscalus macrurus, Cars). Guguchom, «quetzal cazado». Daqui Ahauh, o Taqui Ahauh, pues la letra d no existe en cakchiquel, podría ser «el señor convidado», de taqué, «convidar». Chahotn Ahauh podría ser «el señor de la ropa lavada o del lavatorio». Cakchequel, «los del árbol rojo».

14 Totomay y Xurcah eran los jefes de la casa de Cavek, la casa reinante del Quiché. Los Ahquehay, «los que cubrían sus casas con pieles de venado». Qoxahil, «los que están bailando»; Qobakil, «los de los huesos». Ikomagi, «los que van a hacer desmontes».

Así dijeron. «Del poniente llegamos a Tulán,[15] desde el otro lado del mar; y fue a Tulán a donde llegamos para ser engendrados y dados a luz por nuestras madres y nuestros padres.» Así contaban.[16]

5. Entonces fue creada la Piedra de Obsidiana[17] por el hermoso Xibalbay, por el precioso Xibalbay.[18] Entonces fue he-

15 Chu kahibal ka kih x-oh pe vi pa Tullan, en el original.
16 Es evidente que el autor quiso indicar en este sitio la procedencia de los cuatro grupos de gentes que llegaron a Tulán (no los que vinieron de Tulán, como equivocadamente han leído los traductores). Se ha comentado algunas veces este pasaje que da a entender que hubo antiguamente cuatro lugares llamados Tulán. Prescindiendo de la Tula donde está Dios y la Tula de Xibalbay, que pertenecen a los dominios del cielo y el infierno, serían dos los centros donde tuvieron su origen las razas mesoamericanas. Los documentos históricos, sin embargo, hablan de una sola ciudad de ese nombre. Todas las fuentes indígenas de Guatemala, Yucatán y la altiplanicie mexicana hablan de un centro primitivo de población que se llamó Tullan, Tullán-Zuiva, Vucub-Pec, Vucub Ziván (los siete barrancos), Tullán-Chicomoztoc, Tulapan, que fue una gran ciudad y el origen de las emigraciones que partieron con destino al sur de México y Guatemala. Ese lugar se ha identificado en los tiempos modernos con la Tula del Estado de Hidalgo, donde existen las ruinas de la capital de Quetzalcóatl, rey de la nación tolteca. La frase del texto, «del poniente llegamos a Tulán, desde el otro lado del mar», está de acuerdo con la tradición que conservaban los cakchiqueles y los quichés de una emigración primitiva que llevó a sus antepasados al lugar de Tulán, hogar común de los pueblos de México y la América Central.
17 Ri chay abah. La piedra de chay u obsidiana, de la cual hacían los indios sus instrumentos cortantes y sus ornamentos. Los cakchiqueles veneraban esta piedra como símbolo de la divinidad.
18 Ruma raxá Xibalbay, kaná Xibalbay. Raxá, vocablo de las lenguas de Guatemala, y kaná, tomado por ellas, como el anterior, de la lengua maya, tienen un mismo significado: hermoso, magnífico, rico, cosa preciosa. Kan llamaban los mayas a las piedras preciosas que les servían de moneda y que sus mujeres usaban como adorno de su persona. El ms. cakchiquel menciona a Xibalbay como uno de los sitios dotados de riqueza y hermosura donde tuvo su cuna la piedra sa-

cho el nombre por el Creador y el Formador,[19] y rindió culto a la Piedra de Obsidiana.[20]

Cuando hicieron al hombre, de tierra lo fabricaron,[21] y lo alimentaron de árboles, lo alimentaron de hojas. Únicamente tierra quisieron que entrara [en su formación]. Pero no hablaba, no andaba, no tenía sangre ni carne, según contaban nuestros antiguos padres y abuelos ¡oh hijos míos![22] No se sabía qué debía entrar [en el hombre]. Por fin se encontró de qué hacerlo.[23] Solo dos animales sabían que existía el alimento en Paxil,[24] nombre del lugar donde se hallaban aquellos animales que se llamaban el Coyote y el Cuervo.[25]

El animal Coyote fue muerto y entre sus despojos, al ser descuartizado, se encontró el maíz. Y yendo el animal llama-

---

grada, Chay Abah. La indicación de que la piedra de obsidiana que, como todo mineral, se cría en el interior de la tierra, provino del precioso Xibalbay, da a entender que los cakchiqueles se imaginaban a éste como un reino subterráneo de gran poder y magnificencia, en lo cual coincidían en parte con la concepción que los quichés tenían de ese lugar y que se expone extensamente en el *Popol Vuh*.

19 Ruma Tzakol, Bitol. Estos son los mismos nombres que se dan en el *Popol Vuh* al Creador y al Formador.

20 Tzukul richín ri chay abah. Literalmente, mantuvo a la piedra de obsidiana.

21 Van pokón ka x-utzin vinak.

22 Según la tradición quiché los dioses hicieron dos tentativas infructuosas de creación del hombre, empleando sucesivamente la tierra y la madera.

23 Se encontró el maíz, el alimento principal del hombre americano.

24 Qo vi ri echa pam Paxil. Echa significa alimento, comida y por antonomasia maíz. Paxil y Cayala eran, según el *Popol Vuh*, los lugares donde fue descubierto el maíz. Según la leyenda mexicana Quetzalcóatl se transformó en hormiga para penetrar a Tonacatepeil a robar el grano alimenticio.

25 Utiuh, Koch. En el *Popol Vuh* estos animales, guardianes del maíz, son cuatro: Yac, Utiú, Qel y Hoh, o sea la zorra, el coyote (especie de lobo), el perico y el cuervo.

do Tiuh-tiuhl[26] a buscar para sí la masa del maíz, fue traída de entre el mar por el Tiuh-tiuh la sangre de la danta y de la culebra y con ellas se amasó el maíz. De esta masa se hizo la carne del hombre por el Creador y el Formador.[27] Así supieron el Creador, el Formador, los Progenitores,[28] cómo hacer al hombre formado, según dijeron. Habiendo terminado de hacer al hombre formado resultaron trece varones y catorce mujeres; había [una mujer] de más.[29]

Enseguida hablaron, anduvieron, tenían sangre, tenían carne. Se casaron y se multiplicaron.[30] A uno le tocaron dos mujeres. Así se unieron las gentes, según contaban los antiguos ¡oh hijos nuestros! Tuvieron hijas, tuvieron hijos aquellos primeros hombres. Así fue la creación del hombre, así fue la hechura de la piedra de obsidiana.

«Y poniéndonos en pie, llegamos a las puertas de Tulán.[31] Solo un murciélago[32] guardaba las puertas de Tulán. Y allí fuimos engendrados y dados a luz; allí pagamos el tributo

26 Gavilán pequeño, según el Compendio de Nombres del padre Guzmán

27 La formación definitiva del hombre por medio del maíz aparece descrita igualmente en el *Popol Vuh*, pero los cakchiqueles, imitando a los mexicanos, agregan a la mezcla la sangre de la culebra y la de la danta.

28 Tzakol, Bitol, Alom, Qaholom, el Creador, el Formador, la que da a luz, el que engendra a los hijos. Son los mismos nombres que se leen en el *Popol Vuh* y con los que ambos documentos designan a la divinidad creadora. Para mayor facilidad hemos reunido los dos últimos apelativos bajo la denominación colectiva de los Progenitores.

29 X-qohé ruvi en el original.

30 X-e kulú x-in ka. El verbo in significa alimentar, multiplicar.

31 Ka pal ru chi ri Tullan x-oh pe vi.

32 Zotz, el murciélago, es el símbolo de la raza cakchiquel, cuyo nombre totémico era zotzil. El rey de aquel pueblo recibió más tarde el título de Ahpop-Zotzil, o sea el señor de la estera, o jefe, de los zotziles.

en la oscuridad y en la noche ¡oh hijos nuestros!», decían Gagavitz y Zactecauh. Y no olvjdéis el relato de nuestros mayores, nuestros antepasados. Estas fueron las palabras que nos legaron.

6. Entonces se nos mandó venir por nuestras madres y nuestros padres a las trece parcialidades de las siete tribus, a los trece grupos de guerreros.[33]

Luego llegamos a Tulán en la oscuridad y en la noche. Entonces dimos el tributo, cuando llevaron el tributo las siete tribus y los guerreros. Nosotros nos colocamos en orden en la parte izquierda de Tulán, allí estuvieron las siete tribus. En la parte de la derecha de Tulán se colocaron en orden los guerreros. Primero pagaron el tributo las siete tribus y enseguida pagaron el tributo los guerreros. Pero éste se componía únicamente de piedras preciosas [jade], metal, guirnaldas cosidas con plumas verdes y azules[34] y pinturas y esculturas. Ofrendaban flautas, canciones, calendarios rituales, calen-

---

33 Oxlahuh chob ka vukamag, oxlahu chob ka ahlabal. El 13 era un número favorito de los mayas y sus descendientes, quienes probablemente lo consideraban afortunado. El *Popol Vuh* dice también que eran trece las ramas de los pueblos que llegaron del Oriente, oxlahú u ga amag. Y en el *Libro de Chilam Balam de Chumayel* se lee que Hunac Ceel contaba con trece divisiones de combatientes.

34 Xa ka ruyón xit, puak, gug u raxón kubul cbactit. Al ave que los mexicanos llamaban quetzal y a sus hermosas plumas verdes daban los cakchiqueles el nombre de gug, y el de raxón al «pájaro de pecho musgo y alas azules» (*Cotinga amabilis*, Gould) de que habla el Vocabulario de los padres Franciscanos. Es la misma ave que los aztecas llamaban siuhtototl y que los pueblos de Soconusco daban en tributo a los emperadores mexicanos. Es interesante notar la similitud del lenguaje del libro cakchiquel y del libro quiché acerca del tributo que debían pagar los pueblos vasallos en la época antigua. El *Popol Vuh* menciona entre los objetos que constituían el tributo las piedras preciosas, el yeso o tierra blanca, las esmeraldas y otras joyas, y las guirnaldas hechas de plumas azules: xit, puvac, zahcab, cuval, yamanic, raxón kubul chactic. (parte 4., cap. XI.)

darios astronómicos,[35] pataxte[36] y cacao. Solo estas riquezas fueron a tributar los guerreros a Tulán durante la noche. Solo flechas y escudos, solo escudos de madera eran las riquezas que fueron a dar en tributo cuando llegaron a Tulán.

7. Luego se les dijo y mandó a nuestras madres: «Id, hijos míos, hijas mías, éstas serán vuestras obligaciones, los trabajos que os encomendamos». Así les habló la Piedra de Obsidiana. «Id a donde veréis vuestras montañas y vuestros valles; allá al otro lado del mar están vuestras montañas y vuestros valles ¡oh hijos míos! Allá se os alegrarán los rostros. Estos son los regalos que os daré, vuestras riquezas y vuestro señorío.» Así les dijeron a las trece parcialidades de las siete tribus, a las trece divisiones de guerreros. Luego les dieron los ídolos engañadores de madera y de piedra. Iban bajando hacia Tulán y Xibalbay cuando les fueron entregados los ídolos de madera y de piedra,[37] según contaban nuestros primeros padres y antecesores, Gagavitz y Zactecauh. Estos fueron sus regalos y éstas fueron también sus palabras.

8. Las siete tribus fueron las primeras que llegaron a Tulán, según decían. En pos de ellas llegamos nosotros los guerreros llevando nuestros tributos; todas las siete tribus y los guerreros entramos cuando se abrieron las puertas de Tulán.

9. Los zutujiles fueron la primera de las siete tribus que llegó a Tulán. Y cuando acabaron de llegar las siete tribus llegamos nosotros los guerreros. Así decían. Y mandándonos

35 Cholkih, el calendario ritual de 260 días, o sea el tzolkín de los mayas, o el tonal-poualli de los mexicanos. Maykih, el calendario sideral. Los cakchiqueles usaban un año de 400 días, que llamaban huná y un período de veinte años, o sea 8.000 días, que llamaban may, para contar los espacios largos de tiempo.

36 Pek en cakchiquel es un fruto semejante al cacao, llamado comúnmente pataxte, palabra mexicana cuyo nombre botánico es Theobroma bicolor, Humb. & Bonpland.

37 X-qui kah pe pa Tullan Xibalbay ka x-yao pe ri chee abah.

llegar nos dijeron nuestras madres y nuestros padres: «Id, hijas mías, hijos míos. Os daré vuestras riquezas, vuestro señorío; os daré vuestro poder y vuestra majestad, vuestro dosel y vuestro trono.[38]

Así se os tributarán las rodelas, riquezas, arcos, escudos, plumas y tierra blanca.[39] Y si se os tributan piedras preciosas [jade], metal, plumas verdes y azules; si se os ofrendan pinturas, esculturas, calendarios rituales, calendarios siderales, flautas, cantos, cantos por vosotros despreciados, vuestros serán también, os los tributarán las tribus y allá los recibiréis. Seréis más favorecidos y se os alegrarán los rostros. No os daré su señorío, pero ellas serán vuestros tributarios. En verdad, grande será vuestra gloria. No os menospreciarán. Os engrandeceréis con la riqueza de los escudos de madera. No os durmáis y venceréis ¡hijas mías! ¡hijos míos! Yo os daré vuestro señorío, a vosotros los trece jefes, a todos por igual:[40] vuestros arcos, vuestros escudos, vuestro señorío, vuestra majestad, vuestra grandeza, vuestro dosel y vuestro trono. Estos son vuestros primeros tesoros.»

Así les hablaron a los quichés cuando llegaron los trece grupos de guerreros a Tulán. Los primeros que llegaron fue-

---

38 X-tin yael y ginomal, yvahauarem, x-tin yael y gagal y tepeval, yx muh, yx ka galibal.

39 Zahcab. Esta palabra tiene dos significados: tierra blanca o yeso, que era una sustancia que usaban los indios para pintarse el rostro y el cuerpo, y miel, que en tiempos posteriores era también objeto de tributo.

40 Yx oxlahuh chi Ahpopo ti hunamah. Ahpop, «el señor de la estera», símbolo de la realeza. Los ahpop eran los reyes, pero daban también este nombre a los jefes y señores principales.

ron los quichés.[41] Entonces se fijó el mes de Tacaxepeual[42] para el pago del tributo de los quichés; después llegaron sus compañeros, uno en pos de otro, las casas, las familias, las parcialidades, cada grupo de guerreros, cuando llegaron a Tulán, cuando acabaron de llegar todos ellos.

10. Llegaron los de Rabinal, los Zotziles, los Tukuchées, los Tuhalahay, los Vuchabahay, los Ah Chumilahay, llegaron también los Lamaquis, los Cumatz y los Akahales. Con los de Tucurú acabaron de llegar todos.[43]

Después llegaron los trece [grupos de] guerreros, nosotros los Bacah Pok, nosotros los Bacah Xahil.[44] Primero llegaron unos y tras ellos los demás de nosotros los Bacah. Los Bacah Pok llegaron primero y en pos de ellos llegamos nosotros los

41 El autor se contradice cuando anota que los quichés fueron los prime-ros que llegaron a Tulán, después de haber escrito al principio de este párrafo que fueron los zutujiles. El *Popol Vuh* confirma que los qui-chés llegaron primero en gran número, marchando ordenadamente, y que luego llegaron todas las tribus, los rabinales, los cakchiqueles y los de Tziquinahá, o sea los zutujiles. (*Popol Vuh*, 3.ª parte, cap. IV.)

42 «Nombre de un mes de los indios y es principio de año, o tiempo de sembrar las primeras milpas.» P. Barela, *Vocabulario Cakchiquel.*

43 Según el *Popol Vuh* (3.ª parte, cap. III), las tribus que emigraron con los quichés eran los de Rabinal (de lengua quiché), los cakchiqueles (que comprendían a los zotziles, tukuchées y akajales) y los Lama-quib, Cumatz, Tuhalhá y Uchabahá, qué habitaron después, según parece, la región de Sacapulas en el actual Departamento del Qui-ché. El *Popol Vuh* menciona también la tribu de los Chumilahá (casa de las estrellas) y algunas más que no aparecen en esta parte del *Me-morial de Sololá.* Los Cumatz son los culebras, los Akahales los de las colmenas. El pueblo llamado de los Tucurúes (búho en castella-no, tecolotl en náhuatl) fue a establecerse en la región que los mexi-canos llamaron Tecolotlán y los españoles Tezulutlán y Vera Paz, en el norte de Guatemala.

44 Ri oh Bacah Pok, ob Bacah Xahil.

Bacah Xahil. Así contaban nuestros padres y antecesores ¡oh hijos nuestros!

Hacía tiempo que habían llegado las siete tribus, y poco después comenzaron a llegar los guerreros. Luego llegamos nosotros los cakchiqueles. En verdad, fuimos los últimos en llegar a Tulán. Y no quedaron otros después que nosotros llegamos, según contaban Gagavitz y Zactecauh.

De esta manera nos aconsejaron: «Estas son vuestras familias, vuestras parcialidades», les dijeron a Gekaquch, Baqahol y Zibakihay. «Estos serán vuestros jefes, uno es el Ahpop, el otro el Ahpop Qamahay.»[45] Así les dijeron a los Gekaquch, Baqahol y Zibakihay. «Procread hijas, engendrad hijos, casaos entre vosotros los señores», les dijeron. Por lo tanto, ellos fueron madres y abuelas. Los primeros que llegaron fueron los Zibakihay; después llegaron los Bakahol y luego los Gekaquch. Estas fueron las primeras familias que llegaron.

11. Más tarde, cuando llegamos nosotros los jefes, se nos mandó de esta manera por nuestras madres y nuestros padres: «Id, hija mía, hijo mío, tu familia, tu parcialidad se ha marchado. Ya no debes quedarte atrás, tú el hijo más pequeño.[46] En verdad, grande será tu suerte. Búscalos, pues»[47] le dijeron el ídolo de madera y de piedra llamado Belehé Toh y el otro ídolo de piedra llamado Hun Tihax.[48] «Rendid culto a cada uno», se nos dijo. Así contaban.

45 El rey de los cakchiqueles recibía por antonomasia el título de Ahpop y el jefe que le seguía en categoría y estaba destinado a sucederle, el de Ahpop-Qamahay. A los oficiales de la corte, encargados de recaudar y llevar los tributos, se les daba el nombre de Qamahay.
46 At chipil al.
47 Re ka a tzuku hee.
48 9 Toh y 1 Tihax, días del calendario. Era uso corriente entre los antiguos indios llamar a las personas por el nombre del día en que nacían. La designación del primer ídolo, Belehé Toh, es interesante por-

12. Enseguida se revistieron de sus arcos, escudos, cotas de algodón[49] y plumas, y se pintaron con yeso. Y vinieron las avispas, los abejorros, el lodo, la oscuridad, la lluvia, las nubes, la neblina. Entonces se nos dijo: «En verdad, grandes serán vuestros tributos. No os durmáis y venceréis, no seréis despreciados, hijos míos. Os engrandeceréis, seréis poderosos. Así poseeréis y serán vuestros los escudos, las riquezas, las flechas y las rodelas. Si se os tributan piedras preciosas [jade], metal, plumas verdes y azules, canciones por vosotros despreciadas, vuestras serán también; seréis más favorecidos y se os alegrarán los rostros. Las piedras de jade, el metal, las plumas verdes y azules, las pinturas y esculturas, todo lo que han tributado las siete tribus os alegrará los rostros en vuestra patria; todos seréis favorecidos y se os alegrarán los ojos con vuestras flechas y vuestros escudos. Tendréis un jefe principal y otro más joven. A vosotros los trece guerreros, a vosotros los trece señores, a vosotros los jefes de igual rango, os daré vuestros arcos y vuestros escudos. Pronto se van a alegrar vuestros rostros con las cosas que recibiréis en tributo, vuestros arcos y vuestros escudos. Hay guerra allá en el oriente, en el llamado Zuyva; allá iréis a probar vuestros arcos y vuestros escudos que os daré. ¡Id allá,[50] hijos míos!»

que este nombre recuerda el del dios de los quichés, Tohil, y el de los rabinaleños, Hun Toh, y confirma la aserción del *Popol Vuh* acerca de que las tribus rendían culto originariamente a la misma divinidad, aunque los cakchiqueles adoraban también a otros dioses.

49 Achcayupil en el original, palabra tomada del náhuatl ichca uipilli, según Seler; escaupil, según Clavigero. En la *Relación de Mérida* (*Relaciones de Yucatán*, tomo I, pág. 41) se lee que: «Los españoles de a caballo llevaban para defensa unos sayos de faldas largas acolchados con algodón que llamaban escuypiles, que les cubrían hasta la rodilla.» Brinton interpretaba la palabra achcayupil como lanza, pero advertía que el significado era dudoso.

50 U hix ka en el original.

Así se nos dijo cuando fuimos a Tulán, antes que llegaran las siete tribus y los guerreros. Y cuando llegamos a Tulán fue terrible, en verdad; cuando llegamos en compañía de las avispas y los abejorros, entre las nubes, la neblina, el lodo, la oscuridad y la lluvia, cuando llegamos a Tulán.

13. Al instante comenzaron a llegar los agoreros. A las puertas de Tulán llegó a cantar un animal llamado Guardabarranca,[51] cuando salíamos de Tulán «Moriréis, seréis vencidos, yo soy vuestro oráculo», nos decía el animal. «¿No pedís misericordia para vosotros? ¡Ciertamente seréis dignos de lástima!» Así nos habló este animal, según contaban.

14. Luego cantó otro animal llamado Tucur,[52] que se había posado en la cima de un árbol rojo, el cual nos habló también diciendo: «Yo soy vuestro oráculo.» «Tú no eres nuestro oráculo, como pretendes», le respondimos a esta lechuza. Estaban también allí los mensajeros que llegaron a darnos los ídolos de piedra y de palo, dijeron nuestros padres y antepasados en aquel tiempo. Después cantó otro animal en el cielo, el llamado perico,[53] y dijo también: «Yo soy vuestro mal agüero, ¡moriréis!» Pero nosotros le dijimos a este animal: «Cállate, tú no eres más que la señal del verano. Tú cantas primero cuando sale el verano y después que cesan las lluvias: entonces cantas.» Así le dijimos.

15. Luego llegamos a la orilla del mar. Allí estaban reunidas todas las tribus y los guerreros a la orilla del mar. Y cuando lo contemplaron, se les oprimieron los corazones.[54]

51　Chahal civán (Myadectus unicolor, Salv.), pájaro que se distingue por su canto prolongado y melodioso.
52　Búho o lechuza.
53　Kanixt, periquito o cotorra.
54　Ok x-e k'il xatak qui cux. El texto es claro, pero los traductores lo interpretaron equivocadamente diciendo «gran número perecieron

«No hay manera de pasarlo; de nadie se ha sabido que haya atravesado el mar», se dijeron entre sí todos los guerreros y las siete tribus. «¿Quién tiene un palo[55] con el cual podamos pasar, hermano nuestro? Solamente en ti confiamos», dijeron todos. Y nosotros les hablamos de esta manera: «Id vosotros, marchad los primeros, cuidadosamente.»

«¿Cómo pasaremos en verdad los que estamos aquí?» Así decíamos todos. Luego dijeron: «Compadécete de nosotros ¡oh hermano! que hemos venido a amontonarnos aquí a la orilla del mar, sin poder ver nuestras montañas ni nuestros valles. Si nos quedamos a dormir aquí seremos vencidos, nosotros los dos hijos mayores, los jefes y cabezas, los primeros guerreros de las siete tribus ¡oh hermano nuestro! ¡Ojalá que pasáramos y que pudiéramos ver sin tardanza los presentes que nos han dado nuestras madres y nuestros padres ¡oh hermano mío!» Así hablaron entre sí los que engendraron a los quichés. Y dijeron nuestros abuelos Gagavitz y Zactecauh: «Con vosotros hablamos: ¡Manos a la obra, hermanos nuestros! No hemos venido para estarnos aquí amontonados a la orilla del mar, sin poder contemplar a nuestra patria que se nos dijo que veríamos, vosotros nuestros guerreros, nuestras siete tribus. ¡Arrojémonos [al mar] ahora mismo!» Así les dijeron y al punto se llenaron todos de alegría.

16. «Cuando llegamos a las puertas de Tulán fuimos a recibir un palo rojo que era nuestro báculo, y por esto se nos dio el nombre de Cakchiqueles[56] ¡oh hijos nuestros!», dijeron Gagavitz y Zactecauh. «Hinquemos la punta de nuestros báculos en la arena dentro del mar y pronto atravesaremos el

devorados por el pesar».
55 ¿Chinak ko hu cheen?
56 Xa ka hun caka chee ka chamey ok x-oh pe xiko ka qama pe chu chi Tullan, que-reqa ka binaam vi Cakchiquel vinak ri.

mar sobre la arena[57] sirviéndonos de los palos colorados que fuimos a recibir a las puertas de Tulán.»[58] Así pasamos, sobre las arenas dispuestas en ringlera, cuando ya se había ensanchado el fondo del mar y la superficie del mar.[59] Alegráronse todos al punto cuando vieron las arenas dentro del mar. Enseguida celebraron consejo. «Allí está nuestra esperanza, allá en las primeras tierras debemos reunimos —dijeron—; solamente allí podremos organizamos ahora que hemos llegado de Tulán.»

17. Lanzáronse entonces y pasaron sobre la arena; los que venían a la zaga entraban en el mar cuando nosotros salíamos por la otra orilla de las aguas. Enseguida se llenaron de temor las siete tribus, hablaron entonces todos los guerreros y dijeron las siete tribus: «Aunque ya se han visto los presentes, no se han alegrado vuestros rostros ¡oh señores! ¡oh guerreros! ¿Acaso no fuimos con vosotros al oriente? ¿Acaso no hemos venido a buscar nuestras montañas y nuestros valles, donde podamos ver nuestros presentes, las plumas verdes, las plumas azules, las guirnaldas?» Así dijeron las siete tribus reunidas en consejo. Y diciendo «está bien» dieron fin las siete tribus a su conferencia.

Enseguida se dirigieron al lugar de *Teozacuancu*,[60] fuéronse todos allá y a continuación se encaminaron a otro lugar

---

57 Canika x-kok pe tah palouh ruma zanayi, en el original. Literalmente, «pronto entraremos en el mar por medio de la arena».

58 Ha xi kah in ve ri cakachée x-ka cam pe chu chii Tullan.

59 Xa chuvi cholo chic zanayi x-oh iko vi pe. El *Popol Vuh* (3.ª parte, cap. VII) describe en forma semejante el paso de las tribus por el mar, con la única diferencia de que, según el libro quiché, la gente caminó sobre piedras colocadas en orden sobre la arena. En el *Título de los señores de Totonicapán* se lee: «Cuando llegaron a la orilla del mar, Balam-Quitzé lo tocó con su bastón y al instante abrió paso.»

60 Posiblemente es el mismo sitio que los mexicanos llaman Coatzacoalco, a juzgar por el parecido de los nombres, aunque la etimología es

llamado Meahauh, donde se reunieron. Luego, saliendo de Meahauh, llegaron a otro lugar llamado Valval Xucxuc, donde descansaron. Juntáronse de nuevo y saliendo de allí llegaron a los lugares llamados Tapcu y Olomán.[61]

18. «Reunidos todos allí, celebramos consejo», decían nuestros padres y abuelos Gagavitz y Zactecauh. Y hallándonos ya en ese lugar, sacamos y desenvolvimos nuestros presentes. Y dijeron todos los guerreros: «¿Quiénes vendrán a ponerse aquí frente a nosotros los soldados, los que damos la muerte,[62] y cuyas armas son bien conocidas?, ¡oh hermano menor nuestro!, ¡oh nuestro hermano mayor!», nos dijeron. Y nosotros les contestamos: «En verdad la guerra está cercana: ataviaos, cubrios de vuestras galas, revestios de plumas, desenvolvamos nuestros presentes. Aquí tenemos las prendas que nos dieron nuestras madres y nuestros padres. He aquí nuestras plumas. Yo soy el que sabe.» Así les dijimos. Y enseguida desenvolvimos nuestros presentes, los presentes

diferente. *Teozacuancu*, en lengua náhuatl, significa el dios zacuán, un pajarillo que los españoles llaman turpial (Icterus gularis). Coatzacoalco es lugar de culebras. En la guardianía de San Salvador, la religión de San Francisco administraba en el siglo XVI tres pueblos denominados Teozacuango, según Vázquez. El Oidor García de Palacio menciona en esa región «la sierra de Teozaquango». Fray Alonso la visitó en 1586, y en la *Relación de su viaje se le llama Tetzacuango*. El nombre fue evidentemente llevado de México a Centroamérica.

61 El texto separa estos nombres por medio de una coma. El *Popol Vuh* menciona también los nombres de Tepeu, Olomán, con los cuales designa a varias de las tribus que llegaron del oriente. Tepeu es palabra mexicana que significa señor. Olomán, indudablemente, es el nombre con que los quichés y cakchiqueles designaban a los olmecas que vivían al sur de Veracruz.

62 Oh ahchay, oh ahqam. Chay es la obsidiana de que hacían sus armas cortantes, y ahchay el que las maneja, o sea el soldado o guerrero. Ahqam, el que mata.

que teníamos, las plumas, el yeso [para pintarse la cara], las flechas, los escudos y las cotas de algodón.

19. Así nos presentamos ante todos. Primero nos adornamos con los arcos, los escudos, las cotas de algodón, las plumas verdes, el yeso; nos ataviamos todos de esta manera y les dijimos: «A vosotros os toca, hermanos y parientes nuestros;[63] en verdad el enemigo está a la vista, ataquémosle, probemos nuestras flechas y nuestros escudos. Vamos al instante, tomemos nuestro camino», les dijimos. «No queremos ir a escoger el camino», contestaron. «Escoge tú nuestro camino, hermano, tú que lo conoces», nos dijeron. «Entonces lo escogeremos nosotros», respondimos. Luego nos juntamos y enseguida fuimos a hacer encuentro a una tribu enemiga, los nonoualcas, los xulpiti,[64] así llamados, que se encontraban a la orilla del mar y estaban en sus barcas.

20. En verdad fue terrible el disparar de las flechas y la pelea. Pero pronto fueron destruidos por nosotros; una parte luchó dentro de las barcas. Y cuando ya se habían dispersado los nonoualcas y xulpiti, dijeron todos los guerreros: «¿Cómo atravesaremos el mar, hermano nuestro?» Así dijeron. Y nosotros respondimos: «En sus canoas pasaremos, sin que nos vean nuestros enemigos.»

Así, pues, nos embarcamos en las canoas de los nonoualcas y dirigiéndonos al oriente pronto llegamos allí. Formidables eran, en verdad, la ciudad y las casas de los de Zuyva, allá en el oriente. Cuando hubimos llegado a la orilla de las casas nos pusimos a lancearlos, luego que llegamos. Fue

---

63 K'achag, ka nimal, nuestros hermanos menores, nuestros hermanos mayores. Esta expresión, que se repite en toda esta parte, nos parece más conveniente traducirla por nuestros hermanos y parientes.

64 Ah Nonovalcat, ah Xulpiti. Los nonoualcas habitaban las tierras al sur de Veracruz hasta el actual Yucatán; su país era la Tlapallan de que hablan las historias antiguas.

terrible realmente cuando nos encontramos entre las casas; era en verdad grande el estruendo. Levantóse una polvareda cuando llegamos; peleamos en sus casas, peleamos con sus perros, con sus aves de corral, peleamos con todos sus animales domésticos.[65] Atacamos una vez, atacamos dos veces, hasta que fuimos derrotados. Unos caminaban por el cielo, otros andaban en la tierra, unos bajaban, otros subían, todos contra nosotros, demostrando su arte mágica y sus transformaciones.

Uno por uno fueron regresando todos los guerreros a los lugares de Tapcu y Olomán. «Llenos de tristeza nos reunimos allí y allí también nos despojamos de las plumas y nos quitamos los adornos ¡oh hijos nuestros!» Así dijeron Gagavitz y Zactecauh.

Enseguida preguntamos: «¿Dónde está vuestra salvación?» Así les dijimos a los quichés. «Puesto que truena y retumba en el cielo, en el cielo está nuestra salvación», dijeron. En consecuencia, se les dio el nombre de tojojiles.[66]

Y dijeron los zotziles: «Solo podremos vivir y estar a salvo en el pico de la guacamaya.»[67] Y por lo tanto se les llamó los cakix.[68]

---

65 X-tzalo ka qui tzii, c'aq, x-tzalo conohel c'avah, en el original.

66 Tohoh, que se pronuncia tojoj, significa tronar, retumbar. De esta palabra se deriva probablemente el nombre del dios de los quichés, Tojil, y el apelativo tojojiles, que, según el texto, les dieron a aquellas gentes.

67 Los zotziles eran una rama de los cakchiqueles que tomó como distintivo el murciélago (zotz). El mismo nombre lleva una tribu que se estableció antiguamente en Chiapas. Los mexicanos dieron a los zotziles de Chiapas el nombre de tzinacán, que en su lengua significa murciélago.

68 Los guacamayos.

Luego hablamos nosotros, los cakchiqueles: «Solo en medio de la llanura[69] estará nuestra salvación, cuando lleguemos a aquella tierra.» Y en consecuencia se nos llamó los chitagah.

Otros, llamados gucumatz, dijeron que solo en el agua había salvación.[70]

Los tukuchées dijeron que la salvación estaba en un pueblo en alto, y en consecuencia se les llamó los ahcic-amag.[71]

Y dijeron los akajales: «Solo nos salvaremos dentro de una colmena»,[72] y por eso se les dio el nombre de akajales.

De esta manera recibieron todos sus [respectivos] nombres y eran muy numerosos.[73] Pero no se crea que se salvaron. Tampoco debe olvidarse que del oriente vinieron los nombres de todos ellos. «El diablo fue el que nos vino a dispersar» dijeron Gagavitz y Zactecauh.

Y nosotros dijimos, cuando removíamos el seno de nuestras montañas y nuestros valles: «Vamos a probar nuestros arcos y nuestros escudos a alguna parte donde tengamos que pelear. Busquemos ahora nuestros hogares y nuestros valles.» Así dijimos.

Enseguida nos dispersamos por las montañas; entonces nos fuimos todos, cada tribu tomó su camino, cada familia siguió el suyo.[74] Luego regresaron al lugar de Valval Xucxuc,

69 Nikah tagah.
70 Gucumatz, «serpiente emplumada». Este nombre, equivalente del maya Kukulcán y del náhuatl Quetzalcóatl, va asociado a la idea del agua en todas las historias antiguas.
71 «El pueblo en alto.»
72 Chupam akah.
73 Kiy chi, «eran muchos».
74 Toda esta relación es simbólica de la dispersión de las tribus que fueron a buscar un sitio donde vivir en paz y seguridad.

pasaron al lugar de Memehuyá y Tacna-huyú, así llamados.[75] Llegaron también a Zakiteuh y Zakikuvá, así llamados.[76] Se fueron a Meahauh y Cutamchah[77] y de allí regresaron a los lugares llamados Zakijuyú[78] y Tepacumán. Luego fueron a ver sus montes y sus valles; llegaron al monte Togohil donde le alumbró la aurora a la nación quiché.[79] Fuimos después a Pantzic y Paraxón,[80] donde brilló nuestra aurora ¡oh hijos nuestros! Así contaban nuestros primeros padres y abuelos Gagavitz y Zactecauh.

«Estos son los montes y llanuras por donde pasaron, fueron y volvieron. No nos vanagloriemos, solo recordemos y no olvidemos nunca que en verdad hemos pasado por numerosos lugares», decían antiguamente nuestros padres y antepasados.

21. He aquí los lugares por donde pasaron: Popo Abah, de donde bajaron a Chopiytzel, entre los grandes montones [de rocas], bajo los grandes pinos. Bajaron allá por Mukulicya y Molotnic-chée.[81] Encontráronse entonces con Qoxahil y Qo-

75 Memehuyú, «el país de los mames»; Tacnahuyú, «el Volcán de Tacaná». Se trata de la región del sudoeste de Guatemala, fronteriza con México, habitada hasta la fecha por los mames, antigua rama de los mayas.
76 7, akiteuh, «escarcha», común en aquellas montañas durante el invierno; Zakikuvá, «fuente de aguas buenas».
77 Cutam, tronco; chah, pino: «tronco de pino».
78 «Cerro blanco.»
79 El monte de Tohil, que los documentos quichés llaman Patohil y Zakiribal Tohil, porque en él hallaron refugio las tribus para el dios de este nombre.
80 Pantzic, «en el sauce». Paraxón, «el sitio del pájaro azul» (Gotinga), montaña situada a alguna distancia de Yximchée y que figura a menudo en la historia cakchiquel.
81 Popó Abah, «piedras juntas». Chopiytzel, «piña mala». Mukulic-ya, «agua escondida». Molomic-chée, «árboles juntos, bosque espeso».

bakil, así llamados;[82] en los sitios llamados Chiyol y Chiabak los encontraron.[83] Eran también de los Bacah y únicamente se dedicaban al arte mágica. Cuando los encontraron les preguntaron: «¿Quiénes sois vosotros?» Y contestaron Qoxahil y Qobakil: «¡Oh, señor! no nos mates. Somos tus hermanos, somos tus parientes. Somos los únicos que quedamos de los Bacah Pok y los Bacah Xahil y seremos servidores de tu trono, de tu señorío ¡oh señor!» contestaron. Y dijeron Gagavitz y Zactecauh: «Tú no eres de mi casa ni de mi familia.» Pero aquéllos replicaron: «En verdad eres mi hermano y mi pariente.» Entonces dijeron las parcialidades: «Son los llamados Telom y Cahibak.»

Enseguida se marcharon de allí, de Chiyol y Chiabak, y dos veces anduvieron su camino, pasando entre los volcanes que se levantan en fila, el de Fuego y Hunahpú,[84] Allí se encontraron frente a frente con el espíritu del Volcán de Fuego, el llamado Zaquicoxol[85] «En verdad, a muchos ha dado muerte el Zaquicoxol y ciertamente causa espanto ver a este ladrón», dijeron.

22. Allí, en medio del Volcán de Fuego, estaba el guardián del camino por donde llegaron y que había sido hecho por

82 Qoxahil Qobakil rubii. Eran de la familia de los Bacah Pok y Bacah Xahil.

83 Chiyol, «en lo resbaloso, húmedo». Chiabak, «en los huesos».

84 Chucohol boleh huyú Chi Gag chi Hunahpú. El Volcán de Fuego conserva hasta hoy su nombre, traducido de la lengua indígena, muy merecido por su actividad constante. Al Volcán Hunahpú le dieron los españoles el nombre de Volcán de Agua, probablemente a causa de la inundación que destruyó en 1541 la primera ciudad de Guatemal, edificada al pie de la montaña.

85 «El que saca fuego con el pedernal.» «Al duende que anda en las montañas llaman ru vinakil chee vel Zakicoxol», dice el padre Coto. Este duende u «hombrecillo del bosque» era el guardián de la montaña, según la tradición de los cakchiqueles.

Zaquicoxol. «¿Quién es el muchacho que vemos?» dijeron.[86] Enseguida enviaron a Qoxahil y Qobakil, los cuales fueron a observar y a usar de su poder mágico. Y cuando volvieron dijeron que ciertamente su aspecto era temible, pero que era uno solo y no muchos. Así dijeron. «Vamos a ver quién es el que os asusta» dijeron Gagavitz y Zactecauh. Y después que lo vieron le dijeron: «¿Quién eres tú? Ahora te vamos a matar. ¿Por qué guardas el camino?», le dijeron. Y él contestó: «No me mates. Yo vivo aquí, yo soy el espíritu del volcán.» Así dijo. Y enseguida pidió con qué vestirse. «Dame tu vestido», dijo. Al instante le dieron el vestido: la peluca, un peto color de sangre, sandalias color de sangre, esto fue lo que llegó a recibir Zaquicoxol. Así fue como se salvó. Se marchó y descendió al pie de la montaña.

Sufrieron entonces un engaño a causa de los árboles y los pájaros. En efecto, oyeron hablar a los árboles, y que los pájaros se llamaban a silbidos allá arriba. Y al oírlos, exclamaron: «¿Qué es lo que oímos? ¿Quién eres tú?», dijeron. Pero era solamente el ruido de los árboles; eran los que chillan en el bosque, los tigres y los pájaros que silbaban. Por este motivo se dio a aquel lugar el nombre de Chitabal.[87]

23. Enseguida partieron de allí. Unicamente mencionaremos en su orden los nombres de cada uno de aquellos lugares: Beleh Chi Gag, Beleh Chi Hunahpú. Xezuh, Xetocoy, Xeuh,

---

86 ¿Chinak ri mak alab on oh tzet?, x-e cha ka. Los traductores no han entendido bien esta frase y ponen la pregunta en boca del hombrecillo Zakicoxol, no obstante que el verbo tzet (mirar) va precedido del pronombre oh (nosotros) y que el verbo decir (cha) se encuentra en tercera persona de plural. El error proviene de la partícula on que usa el autor como complemento interrogativo y que, unido al sustantivo alab (muchacho), en la transcripción de Brinton, le da la forma de plural, alabón (muchachos). Sin embargo, en el original la partícula on está separada del sustantivo alab.

87 «El estrépito.»

Xeamatal, Chi Tzunún-Choy, Xecucú-Huyú, Tzunún-Huyú, Xiliviztán, Zumpancu, Tecpalan, Tepuztán.[88] Luego bajaron a Chol Amag y Zuquitán. Ciertamente era difícil su lenguaje; solo los bárbaros entendían su idioma. Nosotros interrogamos a los bárbaros llamados Loxpín y Chupichín y les dijimos cuando llegamos: vaya vaya ela opa.[89] Se sorprendieron los de Chol Amag cuando les hablamos en su idioma; se asustaron, pero nos respondieron con buenas palabras.

24. Llegaron después por segunda vez a los lugares de Memehuyú y Tacnahuyú. [Sus habitantes] no hablaban claro, eran como tartamudos.[90] Pero ciertamente eran buenas gentes. Nos hablaron tratando de seducirnos para que nos demoráramos allí y aprendiéramos su lengua, diciéndonos: «Tú, señor, que has llegado y estás con nosotros, nosotros

88 Beleh Chi Gag, Beleh Chi Hunahpú, son lugares vecinos al Volcán de Fuego y al Volcán de Agua. Xetocoy, «lugar de abejorros». Chi Tzunún Choy, «en la laguna de los gorriones», uno de los pueblos situados en las márgenes del Lago de Atitlán. Al margen del ms. cakchiquel se lee en este lugar «S. Pedro de la Laguna», que es el nombre de uno de dichos pueblos. Xecucú-Huyú, «bajo el cerro del quetzal o del perico». Tzunún-Huyú, «cerro de los gorriones». Los nombres Xiliviztán, Zumpancu, Tecpalan y Tepuztán son evidentemente de origen mexicano.

89 Estas palabras, si algún sentido tienen, no pueden traducirse. Sin embargo, Brasseur las lee así: Wa ya cía opa y las traduce: «pan, agua, traed». Brinton creía que eran palabras de la lengua xinca que se hablaba en la costa sudeste del Pacífico de Guatemala, pero no se comprende cómo podrían haberlas empleado los cakchiqueles en el extremo opuesto del territorio.

90 Maqui galah que chao, quere xa e tnem. Alude a las tribus mames que se habían establecido en las montañas del occidente de Guatemala y la costa de Soconusco. La lengua mame, aunque de origen maya también, es diferente del cakchiquel, y por esta razón llamaron mudos a sus habitantes, de la misma manera que los aztecas llamaban a la zona al sur de Veracruz Nonoualca, que en la lengua de aquéllos significa «tierra de mudos», o sea país de lengua extranjera, según refieren los *Anales de Chimalpahín*.

somos tus hermanos, tus parientes, quédate aquí con nosotros.» Así dijeron. Querían que olvidáramos nuestra lengua, pero nuestros corazones sentían desconfianza cuando llegamos ante ellos.

25. He aquí algunos de los nombres de los lugares a donde llegaron: Zakiteuh, Zakiquá, Niqah Zubinal, Niqah Chacachil, Tzulakauh, Ixbacab, Niqah Nimxor, Niqah Moinal, Niqah Carchah.[91] Llegaron ante los hijos de Valil, los hijos de Tzunún; llegaron ante Mevac y Nacxit que era en verdad un gran rey.[92] Entonces los agasajaron y fueron electos Ahauh Ahpop y Ahpop Qamahay. Luego los vistieron, les horadaron la nariz y les dieron sus cargos y las flores: llamadas Cinpual.[93] Verdaderamente se hizo querer de todos los guerreros.

91 Niqah Zubinal, «en el centro del lodazal». Niqah Chacachil, «en el centro de Chacachil». Algunos de estos nombres se conservan en diferentes lugares del interior de Guatemala. Nimxor y Carchah son dos sitios que menciona el *Popol Vuh* como la zona que habitaban y donde jugaban a la pelota los héroes de la leyenda quiché. El pueblo moderno de San Pedro Carchá se encuentra a poca distancia del sitio antiguo, en el Departamento de la Alta Verapaz, Guatemala.

92 Topiltzin Acxit Quetzalcóatl, mencionado en los documentos quichés y cakchiquel como el rey o emperador Nacxit, cuya corte se hallaba en Chichén Itzá o Mayapán. Los príncipes indígenas de Guatemala hicieron varios viajes al «Oriente», o sea a Yucatán, para recibir la investidura real de manos del señor Nacxit. (V. *Popol Vuh* y *Título de los señores de Totonicapán*.) En los *Libros de Chilam Balam*, hablando de la profecía del retorno de Kukulcán-Quetzalcoatl, se da a este personaje el nombre de Nacxit-Xuchit. La *Crónica* o *Libro de Tizimín* refiere que Hunac Ceel, cacique de Mayapán, a quien designa también con el nombre de Ah Nacxit Kukulcán, título que se iba transmitiendo probablemente por herencia, derrotó a Chac Xib Chac, señor entonces de Chichén Itzá.

93 Ha r'oquegam, ri orbal tzam, ri tiquiyo ru bi, ha qa ti cinpual taxuch. La ceremonia de la investidura de los jefes está bien descrita aquí; no faltan ni la imposición de la capa o manto real, ni la perforación de la nariz, marca de rango y de poder según Ximénez. Completaba el acto una ofrenda de flores, las Cempoal Xúchitl, las flores amarillas

Y dirigiéndose a todos, dijo el señor Nacxit: «Subid a estas columnas de piedra, entrad a mi casa.[94] Os daré a vosotros el señorío, os daré las flores Cinpuval Taxuch. No les he concedido la piedra a otros», agregó. Y enseguida subieron a las columnas de piedra. De esta manera se acabó de darles el señorío en presencia de Nacxit y se pusieron a dar gritos de alegría.

---

que llevaban en las manos los bailarines en el festival de la diosa madre al principio del undécimo mes azteca.

Interpretando equivocadamente las palabras del texto, los traductores han inventado dos nombres de persona: Orbaltzam y Cinpuval Taxuch, que no son otra cosa, sin embargo, que la perforación de la nariz y las flores amarillas de las fiestas antiguas, que en México se llaman todavía cempoales (Tagetes erecta L.) o clavel de las Indias. Por cierto que el nombre mexicano era usado también en Guatemala durante el período colonial. El historiador Fuentes y Guzmán describe con el nombre de Cempoal-Súchil una «yerba comunísima y abundante en los valles de Guatemala» cuyo nombre deriva de la lengua mexicana diciendo que ella significa veinte flores porque florece en ramilletes de ese número de flores. Fuentes pondera las virtudes medicinales de esta planta y traza de ella un dibujo que puede verse en la Primera parte, lib. IV, cap. VII de la *Recordación Florida*.

El doctor Cervantes de Salazar refiere que el cacique de Potonchán, pueblo situado a la orilla del Río de Tabasco, queriendo honrar al general Juan Grijalva, le echó al cuello con gran comedimiento «una cadena de rosas y flores muy olorosas y púsole en la mano una flor compuesta de muchas flores, que ellos llaman súchil». *Crónica de la Nueva España*, Madrid, 1914.

94 Xati hotoba can ree vapal abah, t'oc chuvi vochoch. Estas palabras son muy interesantes porque parecen referirse a las pirámides adornadas de columnas de piedra de Chichén Itzá, residencia de Nacxit Kukulcán y sus sucesores que tomaron el mismo título. Hablando de la ciudad de Tullantzincp, dice Sahagún (lib. X, cap. XXIX) que sus habitantes «dejaron muchas antiguallas allí y un cu, que llamaban en mexicano Uapalcalli, el cual hasta ahora por ser trabajado en piedra y peña ha durado tanto tiempo». La expresión cakchiquel vapal abah resulta ser idéntica a la mexicana uapalcalli, y ambas describen gráficamente las pirámides de Tullantzinco, Tula y Chichén Itzá.

26. Luego se encontraron con los de Mimpokom y los de Raxchich, cuyo pueblo se llama Pazaktzuy.[95] Los pokomames pusieron a la vista todos sus presentes y bailaron sus danzas. Las hembras de los venados, las hembras de las aves,[96] la caza del tirador de venado, trampas y liga [para coger a los pájaros], eran los presentes de los de Raxchich y Mimpokom.

Pero las siete tribus los observaban de lejos. Luego enviaron al animal Zakbim[97] para que fuera a espiarlos, y enviaron también a Qoxahil y Qobakil para que pusieran en juego sus artes de magia. Cuando se fueron a hacer su observación les dijeron: «Id a ver quiénes son los que se acercan y si son nuestros enemigos.» Así les dijeron. Llegaron los de Mukchée, pero no se presentaron pronto y no fueron a espiar. Llegó por fin la señal de Zakbim, el sonido de una calabaza y una flauta de reclamo. «Ahora iremos a veros», dijeron. «Grande es en verdad su poder y están bailando una danza magnífica. Son muy numerosos», dijeron cuando llegaron. Y Gagavitz y Zactecauh ordenaron a sus compañeros: «Poneos vuestros arreos como para entrar en batalla.» Así dijeron. Armáronse entonces de sus arcos y sus escudos y ataviados de esta manera se mostraron ante los pokomames. Llenáronse éstos al punto de terror y los nuestros los prendieron enseguida y los atormentaron.

95 «La Gran Pokom», Mimpokom en el original, debiendo ser Nimpokom. Fue en los tiempos antiguos centro importante de población y hoy es un sitio arqueológico situado a poca distancia del pueblo moderno de Rabinal. Raxchich, «palmera verde», probablemente el árbol llamado coyol. Pazaktzuy, «en la calabaza blanca».
96 En el original se lee xman queh, xman tziquin, pero es seguro que se quiso decir xnam queh, xnam tziquin, como se lee en el *Popol Vuh* (3.ª parte, cap. X), en el pasaje en que se describen los animales que los quichés sacrificaban al dios Tohil.
97 La comadreja.

27. Luego encontraron a los dos llamados Loch el uno y Xet el otro.[98] Los encontraron allá al pie de Cucuhuyú y Tzununhuyú. Y cuando los encontraron dijeron éstos: «No nos mates, señor, nosotros seremos los servidores de tu trono y tu poder.» Así dijeron y poco después entraron a servir llevando los arcos y los tambores. Regresaron y con una calabaza fabricaron una trampa para coger pájaros. Allí se separaron y por esa razón se dio al lugar el nombre de Tzaktzuy,[99] que fue el símbolo que tomaron los Ahquehay, los primeros padres y abuelos que engendraron a los Ahquehay. Así fue como llegaron, decían, y estuvieron en el lugar nombrado. Una parte de la parcialidad llegó ¡oh hijos míos! y así fue verdaderamente como nuestros primeros padres y abuelos nos engendraron y nos dieron el ser a nosotros la gente cakchiquel.

28. Fueron después a reunirse al lugar de Oronic Cakhay[100] a donde llegaron todos los guerreros de las siete tribus. Y dijeron Gagavitz y Zactecauh, dirigiéndose a los quichés: «Vamos todos a ese lugar, conquistemos la gloria de todas las siete tribus de Tecpán»,[101] rebajemos su orgullo. Tú cuenta sus caras,[102] tú permanecerás en Cakhay. Yo entraré al lugar de Cakhay, yo los conquistaré y abatiré su espíritu. Iré a aquel lugar a vencerlos, allí donde no han sido vencidos todavía.» Así dijeron. Pronto llegaron, en efecto; llegaron a Cakhay y al instante comenzaron a pasar todos, pero allá dentro del lugar desfalleció su espíritu. Luego comenzó a llover y die-

98 Miembros de la familia de los Ahquehayi.
99 La trampa hecha de una calabaza blanca, tzak tzuy.
100 Cakhay, literalmente «casa roja». Así llamaban a las pirámides cués o montículos antiguos de los indios, que a veces estaban pintados de rojo. Oronic Cakhay podría ser «pirámide perforada o abierta».
101 Los pokomanes, según Brasseur de Bourbourg.
102 Es decir, el número de los enemigos.

ron con el monte ardiendo[103] y no pudieron seguir hasta el interior del lugar. Dijeron entonces: «¡Oh señor! yo te daré la carne del venado y la miel, yo que soy cazador, que soy dueño de la miel, pero no puedo pasar, dijo, porque el monte está ardiendo.» De esta manera ofrendaron el venado y la miel, a causa de la quema del monte.

Salieron de allí y llegaron a Tunacotzih y Gahinak Abah.[104] Loch y Xet probaron allí sus arcos y tambores y por haber tocado sus tambores se dio al lugar el nombre de Tunacotzih.

29. Por aquel tiempo encontraron a los Cavek,[105] allí bajo los grandes pinos, en el paraje llamado Ximbal Xuk.[106] Se oía entonces el canto de las codornices bajo los altos pinos, por arte de encantamiento de los Cavek. Gagavitz y Zactecauh les preguntaron: «¿Quiénes sois vosotros? ¿Qué es lo que dicen [las aves]?», les dijeron. Y Loch y Xet respondieron: «Son nuestros servidores ¡oh señor! y solo están lanzando sus quejas», dijeron. Enseguida llevaron sus presentes: redes para cazar pájaros, fibra de maguey, instrumentos,[107] sandalias, éstos eran sus presentes. No llevaban otros porque solo hacían sus casas de cueros de venado, y por esta razón se les llamaba los Ahquehay.[108]

Luego extendieron las trampas sobre los árboles y cogieron en ellas a las codornices bajo los grandes pinos. Trajeron después las codornices en las redes y ofreciéndolas dijeron: «¡Oh señor! no me mates.» «¿Quién eres tú?», les contes-

---

103 Chahotn, «la quema del monte, o roza», que se practica todavía para limpiar la tierra de siembra y aprovechar la ceniza como abono. Al acto de quemar el monte llaman chahón.

104 Tunacotzih, «tocar el tun o tambor». Gahinak Abah, «piedra caída».

105 La tribu principal de los quichés.

106 «Redes atadas.»

107 Xa banbal, instrumentos en general, que podrían ser de música o de baile.

108 «Los de las casas de pieles de venado», de queh, venado, y hay, casa.

taron. Y ellos replicaron: «Fuimos vencidos por los señores quichés, nosotros tus hermanos y parientes, nosotros los Cavek. No tenemos otras riquezas que las cuentas amarillas»,[109] dijeron cuando se las entregaron los padres y antecesores de los Cavek. Eran dos varones llamados Totumay[110] el primero y Xurcah el segundo y eran vasallos del llamado Cavek Paoh. Y dirigiéndose a ellos dijo Gagavitz: «Vosotros seréis la cuarta de nuestras parcialidades: los Gekaquch, los Bakahol, los Cavek y los Zibakihay.» Así les dijo. «En verdad, vosotros sois nuestros hermanos, nuestros parientes.»

Y hablando a los Ahquehay les dijo también: «Vosotros os contaréis entre nuestra parcialidad, seréis los obreros de nuestras construcciones, los trabajadores diligentes. Ya no sois siervos, arrojad las redes. Los Cavek son recibidos, ellos forman parte de nuestra tribu.» Así dijeron en otro tiempo nuestros padres, nuestros antecesores ¡oh hijos míos! Así, pues, no debemos olvidar las palabras de aquellos jefes.

La victoria de nuestros abuelos después de haber
muerto uno de ellos:
30. Habiendo llegado al lugar de Chopi-Ytzel, le dijo Gagavitz a Zactecauh: «Atravesemos este barranco.» «Está bien», contestó. Pasó primero Gagavitz y luego quiso pasar Zactecauh, pero no pudo hacerlo y cayó en el barranco. Así murió

---

109 A titil a kana abah (chalchihuites), las cuentas de piedras de colores, blancas, verdes o amarillas, que en el *Popol Vuh* se llaman titil canabah y en maya tetil kan, «cuescas o piedras que servían a las indias de moneda y de adorno al cuello», según el *Diccionario de Motul*.
110 Totomay en el párrafo 3.

uno de nuestros abuelos; sus rostros se separaron y solo uno, Gagavitz, fue el que nos engendró a nosotros los Xahilá.

31. Por segunda vez llegaron enseguida a los lugares de Zakihuyú y Teyocumán. Allí contemplaron el volcán llamado Gakxanul.[111] En verdad era espantoso el fuego que salía del interior de la montaña. El fuego era lanzado a lo lejos. No podía decirse la manera de penetrar al interior porque durante un año estuvo ardiendo el Gagxanul y era imposible llegar hasta el fuego. Habían llegado al pie del monte todos los guerreros de las siete tribus, pero ninguno habló una palabra, porque en verdad sus corazones estaban afligidos. Tampoco pudieron decir cómo podían apoderarse del fuego. No había más recurso que esperar. Y dijeron a nuestro abuelo Gagavitz cuando llegó al pie del volcán, le dijeron todos los guerreros: «¡Oh, tú, hermano nuestro, tú has llegado y tú eres nuestra esperanza. ¿Quién irá a traernos el fuego y a probar de esa manera nuestra suerte, oh hermano mío?» Así le dijeron. Y nosotros les contestamos: «¿Quién desea que yo vaya a probar suerte? Corazón de héroe tiene el que no teme. Yo iré primero les dijo Gagavitz, pero no quiero que tan pronto os llenéis de temor.» En verdad causaba espanto contemplar el volcán.

Hubo, sin embargo, un tal Zakitzunún [Gorrión blanco] que deseaba ir. «Yo iré contigo», le dijo Zakitzunún a Gagavitz. Enseguida se ataviaron y engalanaron y se dijeron el uno al otro: «¡Nada de arcos ni de escudos!» Se desnudaron y se cubrieron de calabazas redondas, de las llamadas Cañas verdes,[112] y de hojas frescas y se proveyeron de agua. Luego introdujeron la cabeza, metieron el cuello y [arrastrándose] con los codos, los brazos y las piernas entraron para apa-

111 «El volcán desnudo», llamado actualmente de Santa María.
112 Rax ah. Se llama así al maíz tierno.

gar el fuego. Así contaban. Luego bajó Gagavitz al interior del fuego, mientras Zaquitzunún derramaba el agua sobre el fuego. Las cañas verdes del maíz se mezclaban con el agua que se derramaba sobre el fuego. En verdad causaba miedo bajar dentro del monte, y cuando se apagó el fuego del volcán, brotó una humareda que se extendió a lo lejos y produjo la oscuridad y la noche.

Todos los que estaban al pie del volcán huyeron llenos de pavor. Gagavitz permaneció mucho tiempo en el volcán; cayó el Sol y se llenaron de angustia sus corazones. El fuego había sido capturado, pero no para ellos. Algunas chispas salieron y bajaron hasta el pie del volcán. Llegaron hasta allí, pero a ellós no los alcanzaron. Por último salió Gagavitz del interior del volcán. En verdad su aspecto causaba miedo cuando salió del monte llamado Gagxanul. Todos los guerreros de las siete tribus exclamaron: «En verdad causan espanto su poder mágico, su grandeza y majestad; ha destruido y hecho cautivo [al fuego].» Así dijeron.

32. En cuanto regresó lo sentaron en el trono, le hicieron grandes honores y le dijeron todos: «Tú, hermano nuestro, has conquistado el fuego de la montaña y nos has dado nuestro fuego. Vosotros sois dos héroes,[113] uno es el primer héroe y el otro el segundo héroe. Vosotros sois nuestros jefes, nuestras cabezas directoras.» Así dijeron todos los guerreros de las siete tribus dirigiéndose a Gagavitz. Y éste les contestó: «El espíritu de la montaña se ha convertido en mi esclavo y mi cautivo ¡oh hermanos míos! Cuando vencimos al espíritu de la montaña libertamos la piedra de fuego, la piedra llamada Zacchog,[114] que no es una piedra rica. Tres [personas]

113 Yx cai chi al, Brinton traduce al, cuyo significado directo es hijo, por héroe, y éste parece ser el sentido de la palabra en este lugar.
114 Zakchog en cakchiquel y en mame; zaquitoc en quiché; el pedernal o sílex, piedra dura de que hacían los indios sus hachas y cuchillos y

están junto con la piedra bailando la danza del Ixízul,[115] del espíritu del volcán Gagxanul.» Contaban que era muy violenta la danza del Ixtzul, que se bailaba por muchos grupos haciendo un estruendo indescriptible.

33. Marcháronse de allí y llegaron a Cecic Ynup,[116] así llamado, y se fueron remando por el lago. No había una ceiba en pie ni tampoco fueron a bañarse en las aguas al pie de ceiba alguna. Por ese motivo la llaman la Ceiba escondida. Luego se dirigieron al lugar llamado Qalalapacay.[117] Atando las hojas de la pacaya adornaron con ellas sus asientos. Por esta razón se dio a aquel lugar el nombre de Qalalapacay, según contaban nuestros abuelos.

La conquista de los Ykomagi:
34. Luego divisaron a lo lejos a los Cakixahay y Qubulahay,[118] así llamados, tributarios de los Ykomagi. Pronto fueron capturados y puestos en libertad por ellos y se fueron reuniendo despacio en el lugar denominado Chi-Galibal.[119] Cuando los encontraron pidieron misericordia y se abrazaron. Por esta razón se dio al lugar el nombre de Chi-Galibal. Luego que se entregaron, dijeron: «Somos tus hermanos y parientes y ahora que nos has conquistado seremos vasallos de tu trono y tu

otros instrumentos, y de la cual sacan chispas para encender el fuego.

115 Ixtzul, ciempiés, «baile de máscaras pequeñas y llevan al colodrillo las colas de guacamaya», dice Barea.

116 «Ceiba escondida entre la tierra.»

117 «Pacayas atadas.» La pacaya es una palmera de anchas hojas muy usadas para fines ornamentales.

118 Cakixahay, «casa de las guacamayas», el pueblo de Alotenango, según Brasseur; Quhulahay, «casa de las guirnaldas», «antigua ciudad de donde salieron los indios que poblaron Cubulco, cerca de Rabinal», según el mismo traductor.

119 «Lugar del abrazo.»

poder. Como un solo hombre te serviremos.» Así hablaron los Ykomagi, sus vasallos los Cakixahay y Qubulahay. De esta manera fue la rendición de los Ykomagi y así salvaron la vida. Ellos engendraron a los zotziles, los padres y antecesores de los Ahpozotziles Qulavi Xochoch y Qulavi Canti,[120] así llamados. De ellos procedieron grupos de hombres, pero no vasallos.

35. Llegaron después al lugar de Cakbatzulú,[121] donde se encontraron con el llamado Tolgom. En verdad se sintieron llenos de temor porque estaba temblando el lugar de Cakbatzulú. Al llegar se espantaron los guerreros y no dieron principio a la lucha. Una vez allí dijeron todos los guerreros: «Has llegado, hermano, pero ¿qué pasa? Realmente estamos llenos de temor.» Así dijeron. Y les replicó Gagavitz: «¿Quiénes sois, oh guerreros? Mirémosle a la cara. ¿Acaso no podemos pelear? ¿No tenemos arcos y escudos con que armarnos, oh hermanos nuestros?» Así les dijo. Y a todos los enviaron a prender a Tolgom. Luego dijeron: «¿Qué es lo que se ha dicho aquí, oh hermanos nuestros? Ya se ha hecho la prueba y ciertamente es temible. ¡Anda tú a verlo!», le dijeron todos.

Enseguida fue a ver a Tolgom; llegó y en verdad causaba espanto verlo y el lugar estaba temblando. Y le dijo a Tolgom: «¿Quién eres tú? No eres mi hermano ni mi pariente. ¿Quién eres? Ahora mismo te mataré.» Al instante se llenó de espanto [Tolgom] y dijo: «Soy el hijo del lodo que tiembla.[122] Esta es mi casa ¡oh señor!», contestó. «Te castigaremos, beberemos tu sangre», le dijo a Tolgom. Enseguida se rindió, lo capturaron, fueron a prenderlo y llegaron con él.

120 Zochoch es la serpiente cascabel y Cantí la víbora (*Trigonocephalus specialis*). Podrían interpretarse estos nombres como «Culebras juntas», «Víboras juntas».
121 «El baile del flechamiento.»
122 «La ciénaga.»

Y dijeron los guerreros de las siete tribus después de haberse rendido Tolgom: «Consagremos este lugar; regocijémonos de tener a nuestro prisionero, nuestro esclavo. Alegrémonos y cortémosle la cabeza a nuestro prisionero. Divirtámonos, disparemos nuestras flechas, consagremos el nombre de este lugar, Qakbatzulú, y que así sea llamado por la gente[123] ¡oh señores!», les dijeron a todos los guerreros.

36. De esta manera hablaron: «¡Oh hermano! Uno de vosotros es el hijo mayor y el otro el hijo menor. Así lo haremos ver con la claridad del día al Consejo. Nosotros los trece [grupos de] guerreros te daremos tu dosel, tu trono, ir sitial, tu señorío. Estos son los dos hijos de los zotziles y tukuchées, así llamados. Vosotros seréis el Ahpozotzil y el Ahpoxahil, así os llamarán. Tú serás el primero de los guerreros y de tus hermanos y parientes, los Bacah Pok y los Bacah Xahil, así llamados. Iguales serán vuestro poder y majestad ¡oh hermano nuestro!», le dijeron. Enseguida les rindieron acatamiento y les dieron [las dignidades] de Ahpozotzil y Ahpoxahil. Pero no fuimos nosotros los zotziles y tukuchées, sino nuestros hermanos y parientes, los Bacah Pok y nosotros los Bacah Xahil ¡oh hijos nuestros! Y dijeron nuestros antiguos padres y abuelos: «Nosotros somos los jefes de los guerreros por obra del gran poder y sabiduría de aquellos que son portadores de los arcos y los escudos.» De esta manera se humillaron ante nuestros primeros padres muchos que vieron abatidos su grandeza y linaje.[124]

123 T'ucheex ruma vinak tzak. Vitiak tzak, «la gente creada», las criaturas.

124 En este párrafo, evidentemente traído de otro lugar de la crónica indígena, el autor explica con toda claridad el sistema político de sus antepasados, según el cual el hijo mayor, a la muerte del padre, ocupaba el puesto de Ahpozotzil, o rey, y el hijo menor el de Ahpoxahil, o adjunto.

37. Entonces comenzó la ejecución de Tolgom. Vistióse y se cubrió de sus adornos. Luego lo ataron con los brazos extendidos contra un álamo[125] para asaetearlo. Enseguida comenzaron a bailar todos los guerreros. La música con que bailaban se llama el canto de Tolgom. A continuación comenzaron a disparar las flechas, pero ninguna de ellas iba a dar en las cuerdas [con que estaba atado], sino iban a caer más allá del árbol de jicaras,[126] en el lugar de Qakbatzulú, a donde iban a caer todas las flechas. Por fin lanzó su flecha nuestro antepasado Gagavitz, la cual fue a dar al punto al sitio llamado Cheetzulú[127] y se clavó en Tolgom. Enseguida lo mataron todos los guerreros. Algunas de sus flechas penetraron [en su cuerpo] y otras fueron a caer más lejos. Y cuando aquel hombre murió, su sangre se derramó en abundancia detrás del álamo. Luego llegaron y acabaron de repartir [sus pedazos] entre todos los guerreros de las siete tribus que tomaron parte en la ofrenda y sacrificio, y su muerte se conmemoró en lo de adelante en el mes Uchum.[128] Reuníanse cada año para sus festines y orgías y flechaban a los niños, pero en lugar [de flechas] les tiraban con ramas de saúco, como si fueran Tolgom.[129] Así contaban antiguamente nuestros abuelos ¡oh hijos nuestros!

125 Chuvach chee lama. «Frente al árbol álamo.» *Diccionario Cakchiquel.*

126 Zimah chee, árbol de la familia de las bignoniáceas, que da un fruto como calabaza, cuya corteza, endurecida al secarse, sirve a los indios para guardar y beber el agua. El árbol se llama jícaro en Guatemala, del náhuatl xicalli, y su nombre botánico es *Crescentia cujete*, L.

127 «El baile del árbol», por la danza que hicieron frente a Tolgom, a quien habían atado al árbol llamado jícaro.

128 Quinto mes del calendario cakchiquel.

129 Xa tunay chi ru qexevach ti qui cak. Brinton y los demás traductores interpretaron que en estas fiestas los cakchiqueles asaeteaban y mataban a los niños, pero el texto dice claramente que se trataba de un

De esta manera alcanzamos en unión de los zotziles y tukuchées el conocimiento de la ciencia mágica y la grandeza y poderío. [Todos] se sometieron ante los padres y abuelos de nosotros los cakchiqueles; y jamás se extinguió la gloria del nacimiento de nuestros antiguos padres.

38. A continuación se marcharon más allá del lugar de Qakbatzulú y arrojaron a la laguna los pedazos de Tolgom. Desde entonces es famosa la punta [del cerro] del lanzamiento de Tolgom. Enseguida dijeron: «Vamos adentro de la laguna.» Pasaron ordenadamente y sintieron todos mucho miedo cuando se agitó la superficie del agua. De allá se dirigieron a los lugares llamados Panpatí y Vayan Chocol,[130] practicando sus artes de hechicería. Allí encontraron nueve zapotes en el lugar de Chitulul.[131]

A continuación comenzaron a cruzar el lago todos los guerreros yendo por último Gagavitz y su hermana llamada Chetehauh. Hicieron alto y construyeron sus casas en la punta llamada actualmente Qabouil Abah.[132] Enseguida se marchó Gagavitz; fue realmente terrible cuando lo vieron arrojarse al agua y convertirse en la Serpiente emplumada.[133] Al instante se oscurecieron las aguas, luego se levantó un

simulacro, y que en lugar de flechas se usaban las ramas suaves del saúco.

130 «Festín en el agua.»

131 «Entre zapotes», o sea el árbol tropical y su fruta, *Lucuma mamosa*, L.

132 Qabouil Abah, o sea «la Piedra del Dios». Se recordará que los antiguos cakchiqueles adoraban la piedra sagrada, Chay Abah.

133 Gucumatz. Aunque en el original se lee Qutzucumatz, es evidente que hay en esto error de copia. Como se ha dicho anteriormente, el nombre de Gucumatz y Kukulcán va siempre asociado a la idea del agua.

viento norte y se formó un remolino en el agua que acabó de agitar la superficie del lago.[134]

Allí deseaban quedarse las siete tribus, querían ver la ruina del poder de los zutujiles. Cuando aquéllos bajaron a la orilla del agua y se detuvieron allí, les dijeron a los descendientes de los atziquinahay: «Acaba de agitarse la superficie de nuestra laguna, nuestro mar ¡oh hermano nuestro! Que sea para ti la mitad del lago y para ti una parte de sus frutas, los patos, los cangrejos, los pescados» les dijeron. Y después de consultar entre sí, contestaron: «Está bien, hermano, la mitad de la laguna es tuya, tuya será la mitad de los frutos, los patos, cangrejos y pescados, la mitad de las espadañas y las cañas verdes. Y así también juntará la gente todo lo que mate entre las espadañas.» Así respondió el Atziquinahay.[135]

134 Todo este episodio se refiere a la división entre los cakchiqueles y los zutujiles del territorio que baña el Lago de Atitlán. Este lago está situado en el centro de Guatemala, sobre el eje de la Cordillera de los Andes, y ocupa la concavidad de un antiguo cráter, a 1.500 metros sobre el nivel del mar, entre los volcanes de Atitlán y San Lucas, por el sur, y el macizo de las montañas donde está situada la ciudad de Sololá, por el norte. Su navegación es peligrosa para las pequeñas embarcaciones a causa de los fuertes vientos que lo azotan y que los indios llaman chocomil. Algunos historiadores derivan el nombre de este lago de Atit, nombre que se da en el *Popol Vuh* a la vieja Yxmucané, la abuela del Sol y de las criaturas. Pero el nombre actual del lago no es indígena de Guatemala, sino mexicano, y significa en náhuatl «en el agua, o junto al agua», según el Vocabulario de Molina. Atitlán es la traducción de las palabras Chi-aa, con que los zutujiles designaban el lago y su ciudad capital, según, se lee en la *Relación del pueblo y cabecera de Atitlán*.

135 Efectivamente, el Lago de Atitlán está dividido hasta la fecha en dos partes, la del sur y sudoeste, que habitan varios pueblos de raza y lengua zutujil, incluyendo el de Atitlán, que es el más importante y fue corte de los reyes Atziquinahay; y la del norte y oriente, en que se encuentran la ciudad de Sololá y varios pueblos más que fueron funda-

Se marcharon y se separaron enseguida, pero volvieron a reunirse porque deseaban conseguir mujeres, pues carecían de ellas. En efecto, ninguna mujer joven, ni hermana, había venido, ni se habían juntado con ellas. Y exclamaron: «¿Dónde habla mi muchacha, aquella a quien tomaré por esposa? En verdad, voy a buscar hasta dar con ella decían, voy a pelear por un corazón.»

Revistieron sus armas y tenían realmente un aspecto terrible cuando salieron en busca de mujeres. Los zutujiles se llenaron al punto de temor. Al llegar les dijeron: «¿A quién tomaré por mujer? Ciertamente mi corazón está dispuesto a pelear.» Así les dijeron a las tribus zutujiles y a las mujeres de Tzununáa.[136] Al instante respondió el Atziquinahay diciendo: «Oh señor, hermano mío, mi pariente, aquí está tu mujer; hemos compartido nuestro lago, la mitad del lago es tuya, la otra mitad es mía.» Así dijo y los guerreros sintieron dolor por las mujeres, pero acataron la decisión del Atziquinahay. Nuestro abuelo Gagavitz dijo entonces: «Quien haya venido para tomar esposa está bien que se quede con las mujeres jóvenes.» Y contestaron los atziquinahay: «He escuchado tus palabras, hermano mío. Puesto que ellos han venido a conquistar a las muchachas, yo se las daré.»

De esta manera fue hecha la división del lago, según contaban nuestros abuelos. Y así fue también como nuestros hermanos y parientes se quedaron con los zutujiles. Pero nosotros no aceptamos [la invitación para quedarnos]. Nuestros primeros padres y abuelos, Gagavitz y Zactecauh[137] se fueron

dos por los indios cakchiqueles. Al poniente se encuentran también algunos pueblos de origen quiché.

136 «El agua de los gorriones.» Posiblemente se trata del mismo lugar que en otra parte del texto se llama Chi Tzunún Choy, «en la laguna de los gorriones».

137 Zactecauh había muerto, como se lee en el párrafo 30.

y pasaron adelante entre las tinieblas de la noche. Cuando hicieron todo esto no había brillado la aurora todavía, según contaban, pero poco después les alumbró. Luego llegaron al lugar de Pulchich,[138] de donde partieron en grupos.

Esta fue su aurora:

39. Los primeros que partieron fueron Gekaquch, Baqahol, Zibakihay y Cavek, quienes se fueron en grupos. «Vosotras, nuestras familias, nuestras parcialidades, sed las primeras, llegad y trabajad, echad los cimientos de nuestras construcciones, que ya pronto amanecerá. ¡Partid!», les dijeron. A continuación se marcharon y llegaron a los lugares donde iba a brillar su aurora, Pantzic, Paraxone, Zimahihay,[139] Pazibakul, Pacavek y Quebil,[140] que así se llamaban los lugares donde brilló su aurora. Comenzaron a construir sus casas y allí se encontraron con su jefe llamado Nimahay.[141] Los primeros que edificaron fueron los primeros que llegaron, Gekaquch, Zibakihay y Cavek. Por último llegó Baqahol y comenzó a edificar cuando llegó. Al llegar le dijo Baqahol a Gekaquch: «Yo soy el rey, yo te recibo [en mi grupo].» Así le dijo a Gekaquch. Desde que llegó deseaba y codiciaba la dignidad de jefe. Pero ellos le contestaron: «Tú no eres nuestro rey, tú no has venido para ser nuestro rey», le dijeron. Entonces les ofreció una piedra de esmeralda diciéndoles: «Yo os daré esta esmeralda con cuatro brazos y piernas para vuestro

138 «Palmera [coyol] deshojada.»
139 Aunque en este lugar del original se lee Zinahihay, en otros aparece este nombre como se escribe en nuestra traducción.
140 Pantzic y Paraxone. Véase la nota al párrafo 20. Zimahihay, «casa de los jícaros». Pazibacul, «en los juncales», de zibak, junco. Pacavek, «en el sitio de Cavek». Quebil, «el cercado de cañas».
141 Nimahay, «la casa grande».

66

adorno, pues yo soy vuestro rey.» Así les dijo. Pero no los engañó. A continuación dio principio a la construcción de una fortaleza, queriendo terminarla cuanto antes porque deseaba obtener el poder real y anhelaba conseguirlo de ellos.

Entonces llegó Chuluc Balam[142] enviado por Gagavitz para destruir la fortaleza. El corazón de Gagavitz estaba lleno de cólera porque Baqahol pretendía el poder real. Así, pues, el animal Chuluc Balam llegó a destruir la fortaleza. Luego llegó Gagavitz a los lugares de Puhuhil[143] y Paraxone, transformado en el pájaro raxón. Y cuando apenas iba llegando, cuando llegaba a Pantzic y Paraxone, amaneció.

40. Cuentan nuestros antiguos padres y abuelos que el Sol ya había salido y la aurora había aparecido cuando se formaron las familias[144] de Gekaquch, Zibalkihay, Cavek y Ahquehay. No habían querido unirse a Baqahol, pero tuvieron que soportarlo las familias desde que lo recibieron como su rey. Para impedirlo le habían dicho. «No te recibiré, Baqahol, aunque has dicho: "Yo soy el rey". Así dijiste y ofreciste tu esmeralda a las madres y las abuelas. ¿Acaso no te has llamado a ti mismo rey, Baqahol? Tú no eres nuestra madre ni nuestra abuela.» Pero los que lo recibieron dijeron: «No ha dicho: "Yo soy tu madre, yo soy tu abuela". ¡Tú eres mi rey!», dijeron y de esta manera se sometieron a él.

Inmediatamente lo reconocieron como su rey y señor, lo sentaron en la silla y en el trono y enseguida lo bañaron en

---

142 Nombre de una planta medicinal de Guatemala, de efectos diuréticos, según el padre Pantaleón de Guzmán. «Chulbalam, orina de tigre», le llama el autor de la Recordación Florida. El texto aclara más adelante que Chuluc Balam era un animal.
143 Como sugiere Raynaud, debe haber error en este nombre, que debería ser Pantzic, como se lee en otros lugares del texto.
144 Ru tee, ru nam, literalmente, «las madres, las abuelas».

el baño con el cántaro y el huacal.[145] Luego le dieron la manta, la faja, la cuna y lo cargaron, le pusieron los polvos de colores, las piedras amarillas, [lo untaron con] el hollín y la tierra colorada y le presentaron las insignias del reino de parte de las familias y las parcialidades. Así contaban nuestros abuelos ¡oh hijos míos! Así fue como reconocieron las familias y las parcialidades al que hicieron nuestro rey. Así lo hicieron también todos los guerreros en el lugar donde brilló la aurora; y así fue constituido el señorío por las familias y parcialidades.

Reuniéronse en el lugar donde les amaneció. Tres ramas de nuestro pueblo vieron allí la aurora, los zotziles, los cakchiqueles y los tukuchées. Los akajales se hallaban un poco más lejos, en medio del cerro donde les amaneció a las tres ramas del pueblo. En el monte Tohohil les alumbró la aurora a los quichés; en el monte *Zamaneb*[146] brilló la aurora para los ribanaleños. Los zutujiles deseaban ver su aurora en Tzala, pero no se había acabado de hacer el fuego por las tribus cuando amaneció. Aún no se habían ido para Tzala cuando salió [el Sol] en el cielo y subiendo sobre el lugar de Queletat, difundió la claridad y llegó a Xepoyom.

Abandonaron enseguida [esos lugares] los guerreros y las tribus sin hacer sus trabajos, porque deseaban ir inmediatamente a reunirse y a vivir en las orillas del lago. En ese tiempo se espantaron las tribus cuando pasó por el cielo, como por encanto, el ave de plumas verdes,[147] y escucharon sus fuertes graznidos cuando pasaba por el cielo. De esta manera estuvieron observándola las mujeres de Tzununaa,

145 Zel, la jicara en forma de bacía hecha de media calabaza.
146 Monte situado a poca distancia de Rabinal.
147 Guqucot, literalmente, «el águila de plumas verdes», el quetzal, cuyo nombre maya kuk pasó a todos los dialectos de Guatemala.

de Tzololaa y de Ahachel y Vaiza.[148] Estuvo volando sobre el agua y la mitad del pueblo acudió a verla.[149]

Estos son los trabajos que pasaron cuando estuvieron allí:

42. «Verdaderamente pasamos muchos trabajos cuando llegamos a establecernos en nuestros pueblos», decían antiguamente nuestros abuelos ¡oh hijos míos! No se había traído nada para comer, para alimentar el estómago.

Tampoco había con qué vestirse. Todo faltaba. Solo vivíamos de la savia de las plantas y olíamos la punta de nuestros bastones[150] para satisfacer nuestro estómago.

Fue entonces cuando comenzamos a hacer nuestras siembras de maíz, derribamos los árboles, los quemamos y depositamos la semilla. Así conseguimos un poco de alimento. Así también hicimos nuestros vestidos: aporreando la corteza de los árboles y las hojas del maguey hicimos nuestros vestidos. Cuando ya teníamos un poco de maíz, aparecieron los zopilotes en el cielo y se arrojaron sobre lo sembrado co-

148 Tzununá, Sololá y Panajachel («lugar de matasanos» de ajaché, *Casimiroa edulis*, Llave y Lex), son lugares de las márgenes del Lago de Atitlán bien conocidos en la actualidad.

149 Ru chinamit chakap x-be ruquín, literalmente, «la mitad del pueblo se fue con él o ante él, fue a presenciar su vuelo».

150 Xa ka ti ka gek ru xe ka chamey. La misma frase aparece en el *Popol Vuh* (3.ª parte, cap. VII) como sigue: Xa u xe qui chamiy chi qui zico. Brasseur da de este párrafo la interpretación verdadera, pero los demás traductores del *Memorial Cakchiquel* no lo han comprendido y han interpretado la frase diciendo: «nuestros corazones descansaban a la sombra de nuestras lanzas», lo que no está de acuerdo con el texto original.

miéndose una parte de nuestro alimento.[151] Esto contaban las gentes de antaño.

43. Tampoco eran casados los tukuchées cuando llegaron allá a tomar esposas. [Solamente] venía la mujer de nuestro abuelo Gagavitz, que se llamaba Qomakaa,[152] nuestra primera abuela, la que nos dio el ser a nosotros los Xahilá. Ellos sí eran casados. En realidad se les había prohibido casarse.

Cuando se bañaban, se extendían sus órganos y derramaban por el extremo su simiente.[153] Y se les prohibía la unión sexual, según cuentan.

Era prohibido, también, casarse dos veces [tener dos mujeres] y separarse cuando se tenían hijos.[154] Así contaban las gentes antiguamente.

44. Por entonces comenzaron también a adorar al demonio.[155] Cada siete días, cada trece días le hacían ofrendas poniéndole delante resina fresca, ramas verdes y cortezas frescas de los árboles, y quemando ante él a un gato pequeño,[156]

151 Serían los cuervos y no los buitres que no se alimentan de granos.
152 Maní navipe quixhaíl ok x-e ul chiri qui qambal yxok vae tukuchee. X-pe vi ri xhail ri ka mama Gagavitz Qomakaa rubi. En esta forma reestablecemos estas dos frases del texto que en el original aparecen divididas, por error evidente de copia, entre el final del párrafo anterior y el principio de esta parte.
153 Chi x-atini kahar qui niqahal toe, ba kat ru xe k'ihatz.
154 Hachac vi rih ruvach talqualax. Nuestra interpretación es enteramente literal. Los traductores que nos han precedido dan a esta frase un significado sicalíptico que no tiene. Al contrario, revela un principio de importancia moral y social para la conservación de la familia.
155 Ru tzukic kaxtok.
156 Seguramente un gato de monte (yac), pues el gato doméstico no se conocía en América antes del descubrimiento. El autor dice que hacían ofrendas al demonio, pero aquí se nota ya la influencia cristiana. Debe entenderse que se propuso describir el culto que rendían a sus dioses en el tiempo de su gentilidad.

imagen de la noche. Llevábanle también los hongos [que crecen al pie] de los árboles, y se sangraban las orejas. No le rendían culto antiguamente a la Piedra de Obsidiana [Chay Abah], según contaban. Solamente crecía más y más la adoración al demonio a medida que aumentaba la prosperidad de las tribus. Posteriormente aumentó su culto, según contaba antiguamente nuestro padre y abuelo Gagavitz.

Mientras tanto se acercaban a Pantzic, Paraxone, Zimahihay, Pacibaqul, Pacavek y Quehil.

Entonces se presentaron algunos guerreros de los pueblos llamados Cupilcat y Canalakam,[157] Llegaron y se situaron en la falda del cerro entre el bosque espeso, donde fueron destruidos los de Cupilcat. Enviaron allí a los guerreros, quienes hirieron a muchos. Enseguida se dirigieron al bosque espeso en la falda del cerro donde nuestros abuelos aniquilaron y mjátáron a los de Cupilcat y Canalakam. Allí conquistó su gloria Baqahol y desde entonces se hicieron famosos los lugares llamados Yalabey, Zimahihay y Motzoray.[158] Se dice que solo dos quedaron con vida; uno que era de los Cupilcat se fue para el Quiché y allí lo castigaron e hicieron sufrir.

46. Habiéndose, marchado de Pantzic y Paraxone, lugares que desocuparon, llegaron al bdsque llamado Chiqohom.[159] Allí pasaron algunos trabajos.[160] «Encalemos el interior de estos árboles», dijeron hallándose entre el bosque, y así encalaron el tronco hueco de los árboles. Con excrementos de los animales, águilas y tigres blanquearon el interior de los

157 Cupilcat, «el que pasa golpeando». Canalakam, «bandera amarilla».
158 «Camino de las ortigas», «Casa de las jícaras», «Espacio de las Pléyades».
159 «En los tambores», probablemente porque habían ahuecado los árboles dándoles la forma de un tambor alargado.
160 X-qui tih vi halal qui pokob, en el original, pero es evidente que la última palabra debería ser pokón, y así lo han leído los traductores.

árboles. Cuando ya estaban viviendo allí instalaron adentro al demonio Chay Abah. Pero los animales, las cotorras y los pericos les hacían guerra en la casa del demonio en donde permanecieron. Por esta razón dieron al bosque el nombre de Chiqohom.

Dos hijos iuvo Gagavitz, el primero que se llamaba Caynohyel segundo Caybatz,[161] ambos eran varones. Cuando murió Gagavitz, el que vino de Tulán, eran muy jóvenes nuestros abuelos Caynoh y Caybatz. Luego que murió su padre, lo enterraron en Paraxone, allí donde brilló su aurora.

48. Llegaron entonces[162] los dos jóvenes y en cuanto llegaron se presentaron Gekaquch, Baqahol y Zibakihay, quienes les dijeron: «Hemos venido nosotros, vuestras madres y vuestras abuelas; aquí estamos nosotros el Galel Xahil, el Ahúchan Xahil, que éstos son nuestros títulos. Nosotros somos vuestro Galel, vuestro Ahpop.[163] Así les dijeron cuando llegaron. Pero los que llegaron no sabían si eran descendientes de Zactecauh, el que murió en el barranco de Chopiytzel. Así contaban nuestros padres y abuelos ¡oh hijos míos!

49. El primero que se engrandeció fue Tepeuh,[164] el señor de Cauké, cuya residencia se llamaba Cuztum Chixnal.[165] Tepeuh se hacía temer por sus artes de hechicería: temblaba el sitio donde vivía y todas las tribus rendían tributo a Tepeuh.

161 Cay Noh, el día 2 Noh. Cay Batz, el día 2 Batz.
162 Bala ka x-e pe vi, en el original.
163 Los funcionarios de la corte zutujil llevaban los títulos de Lolmay, Atzihuinac, Galel, Ahuchán, etc.; eran los factores, contadores y tesoreros, según se lee en la «Petición de varios caciques indígenas de Santiago Atitlán al Rey de España, Felipe II, fechada el 1.° de febrero de 1571». V. Ternaux Compans, *Recueil de piéces relatives a la conquéte du Mexique*, París, 1838. Los jefes supremos eran el Ahpop y el Ahpop Galel.
164 Tepeuh, palabra náhuatl que significa el jefe, el dominador.
165 La fortaleza Chixnal.

50. Ahora bien, Gekaquch y Baqahol enviaron sus órdenes al Galel Xahil. Y dijeron al Galel y al Ahuchán Xahil: «Que vayan primero Caynob y Caybatz como nuestros recaudadores de tributos. Nosotros somos vuestros señores», les dijeron a las parcialidades. Y, efectivamente, fueron enviados por las parcialidades.

Van a presentarse ante Tepeuh:

51. Nuestros abuelos Caynoh y Caybatz llegaron ante Tepeuh. A la primera llamada se pusieron en marcha dejando solos al Galel Xahil y al Ahuchán Xahil. Cuando llegaron ante Tepeuh, éste les dijo: «¿Quiénes sois?» Y Caynoh y Caybatz contestaron: «Somos los hijos de Gagavitz.» Tepeuh quedó sorprendido cuando oyó sus palabras. Y así fue como Tepeuh los dejó con vida porque habían llegado ante él con humildad.

52. A continuación fueron despachados por Tepeuh a recaudar el tributo y fueron a recoger el tributo de los pueblos. Pero no tuvieron que hacer venir a los pueblos para recoger el tributo. En verdad todos temían el poder mágico de Caynoh y Caybatz. Donde ellos estaban durante la noche brillaba un resplandor como el del fuego, y hacían temblar la tierra como un terremoto. Por este motivo les temían los pueblos cuando llegaban ante ellos. Todos los pueblos les traían el tributo cuando iban a recibirlo. Allá en el oriente les pagaban con objetos preciosos: metal, telas. Estos eran los valores que debían tributarles los pueblos. Grandes eran en verdad. Y por eso se convirtieron en hijos de Tepeuh, por las obras que habían llevado a cabo; fueron en verdad amados por él.

Les dan sus mujeres:

53. Fueron enseguida a recoger el tributo de los atziquinahay que descienden también de nuestros padres y abuelos. Allá llegaron los atziquinahay a darles sus mujeres, pero lo que éstos querían era únicamente sus tesoros, el metal y las telas era lo que apetecían. Cuando llegaron dijeron los atziquinahay: «Han bajado los mensajeros de Tepeuh. En verdad su poder es terrible; démosles mujeres y nos apoderaremos de sus tesoros.» Así dijeron y ninguno de los señores fue a ver a Caynoh y Caybatz. Estos tenían miedo de que a alguien se le ocurriera irles a robar sus tesoros durante la noche por medio de las hijas de los señores. Y así sucedió, que les robaron las vasijas de sus tesoros mientras dormían. Eran las hijas de los señores Zunqún Ganel May ahauh, el uno, y Puzi Ahauh, el otro, y las hicieron sus esposas los llamados Caynoh y Caybatz. Llamábase la una Bubatzo y la otra Icxiuh.[166] Al darse cuenta de que no estaba su tesoro, nuestros abuelos se llenaron de terror y dijeron: «Nos habéis hecho desgraciados ¡oh atziquinahay! Tepeuh se enojará con nosotros.» «No os aflijáis, os daremos vuestras mujeres, seréis nuestros yernos, nada malo os haremos. Id a hablar con Tepeuh y nada se os dirá.» Enseguida les dieron a sus mujeres y se fueron a hablar con Tepeuh. Pero no llegaron allá, temiendo presentarse ante Tepeuh, sino que se escondieron en una cueva y se quedaron

166 «La Tejedora y Hierba de la Luna.»

allí. Caynoh dio a la cueva donde se escondieron el nombre de Parupec.[167]

En su busca:

54. Las parcialidades se pusieron enseguida a buscarlos. «Vamos a buscar a nuestros señores. ¿En dónde están? Somos muy desgraciados. Hemos oído sus voces, pero no encuentran a sus hijos las madres ni los padres.» Así dijeron Gekaquch, Baqahol, Cavek y Zibakihay refiriéndose a Caynoh y Caybatz. Y habiéndolos buscado en la cueva, les dijeron luego que llegaron junto a ellos: «Os estamos buscando, señores nuestros. ¡En verdad tened compasión de nosotros!» Así dijeron. Y al instante contestaron Caynoh y Caybatz: «No iremos allá si no viene nuestro señor el Galel Ahuchán. ¿Qué querrán hacer de nosotros? ¿No seremos humillados si llegamos ante Tepeuh? No iremos ciertamente a que nos maten los que han recibido la orden. Id a informarlo así a Tepeuh. ¡Id enseguida!», dijeron. Y al instante enviaron las parcialidades a un mensajero que se puso en camino para informar a Tepeuh.

Alegróse al instante Tepeuh cuando escuchó la noticia; se alegraron también los cakchiqueles, zotziles y tukuchées y se alegraron los atziquinahay.

Enseguida fueron a buscar a nuestros abuelos.

Nueva llegada al bosque de Chiqohom:

55. Regresaron entonces a reunirse con sus esposas. Tan pronto como les vieron las caras se alegraron todas las tribus,

167 «En la cueva.»

cuando aquéllos regresaron. Inmediatamente fueron ahorcados y murieron el Galel Xahil y el Ahuchán Xahil.

56. Por el voto de todos, después que aquéllos murieron, entraron [los príncipes] al gobierno.[168] Caynoh fue hecho Ahpop Xahil y Caybatz fue nombrado Ahpop Qamahay. Ambos señores mandaban en todas partes[169] desde que entraron a reinar.

57. Caynoh y Caybatz tuvieron hijos, tuvieron hijas; el primero tuvo cuatro hijos y el segundo tuvo cinco hijos. Nueve varones tuvieron Caynoh y Caybatz.[170] En verdad era terrible el poder mágico de Gagavitz, Zactecauh, Caynoh y Caybatz.

58. Luego dijeron Caynoh y Caybatz: «Que se complete nuestro gobierno como nos ordenaron nuestros padres. Que entren dos de nuestros hijos al gobierno», dijeron. Enseguida entró un hijo del rey Caynoh y lo hicieron Ahuchán Xahil del reino; y entró también un hijo del rey Caybatz, el cual vino a ser el Galel Xahil del reino. De esta manera tuvimos cuatro señores nosotros los Xahilá y así nuestros abuelos completaron su gobierno entre ellos.

Mueren Caynoh y Caybatz:

59. Entraron [al gobierno] el Galel Xahil y el Ahuchán Xahil y poco después murieron los reyes. Inmediatamente les sucedieron sus sustitutos. De dos en dos entraron sus hijos al gobierno. Fueron proclamados como Ahpop Xahil y Ahuchán Xahil los dos hijos del rey Caynoh. Y entraron los hijos del

168 Ronohel tzih tok x-e catn, x-e oc chi ahauarem.
169 E cay chi ahaua x-e ux humah tzih.
170 Aunque al principio de este párrafo dice el autor que Caynoh y Caybatz tuvieron hijos e hijas, prescinde de éstas al final y solamente da la cuenta de los varones.

rey Caybatz como Ahpop Qamahay Xahil y Galel Xahil,[171] y fueron proclamados. Así se completó su gobierno entre los hijos de Caynoh y Caybatz. Aquellos nuestros primeros abuelos organizaron el gobierno ¡oh hijos míos!, pero solo una de nuestras madres, uno de nuestros padres nos dieron el ser a nosotros los Xahilá.

60. Les rindieron homenaje y les hicieron presentes. En verdad eran muchos sus pueblos y aldeas. Luego se multiplicaron las hijas y los hijos de los nueve varones que tuvieron los reyes Caynoh y Caybatz. Pero al morir el rey Citan Qatú se dividió el poder entre nuestros padres y abuelos. Verdaderamente hubo muchos señores y el reino se fraccionó.

61. Estaban los hijos de Qoxahil y Qobakil, asimismo los hijos del Galel Xahil y el Ahuchán Xahil, y también los hijos de Ah Cupilcat, al que habían perdonado la vida. Nuestros abuelos se dividieron en parcialidades que se pusieron en contra de los hijos del rey Caynoh. Entraron [contra ellos] los hijos de Qoxahil y Qobakil, y también entraron los hijos del Ahuchán Xahil a quien habían ahorcado. Estos entraron contra el Ahpop y el Ahuchán.

62. En contra del Ahpop Qamahay Xahil y del Galel Xahil entraron los hijos de Ah Cupilcat, y en contra también entraron los hijos del Galel Xahilcon quien se marcharon y a quien se entregaron en un tiempo Caynoh y Caybatz cuando fueron a presentarse ante Tepeuh. Aquéllos habían estado viviendo entre los Ykomagi, que eran unas gentes que llevaban el nombre de su ciudad, de su antigua capital.

63. Abandonaron entonces el lugar donde les amaneció y regresaron todos a Pantzic y Paraxone, Yulabey, Zimahihay,

---

171 Ahpop Xahil, Ahuchán Xahil x-qui kaleh ri e cay ru qahol ahauh
   Caynoh; x-e oc ka cay ru qahol ahauh Caybatz, Ahpop Qamahay
   Xahil, Galel Xahil x-qui kaleh.

Panchee, Chiqohom, Chiavar y Zupitagahi, a donde llegaron siguiendo las vueltas del río. He aquí los nombres de los lugares donde les rindieron homenaje: los pueblos de Zahcab, Petze, la ciénaga Paginona, Galeah, Puzbal, Zaliqahol Nimcakahpec, Yutgum Calla, Chuvi Xilom, Molinxot, Pachalic Bak y la pequeña ciudad donde se habían establecido los akajales, la ciudad de Ochal y Qabouil Ziván, en donde se engrandeció el rey Ychalcán Chicumcuvat, rey de los akajales.

64. Llegaron después nuestros abuelos a la ciudad de Ochal y se hicieron querer por los akajales. Llegaron allí las cuatro parcialidades. La nación de los akajales no se había dividido, pero allí se repartieron todos y se dividió la tribu de los akajales. Enseguida abandonaron la ciudad de Ochal, en la tierra caliente y valles ardientes; luego llegaron los hijos del señor Ychalcán y Xepakay. Sentáronse en las raíces debajo de una ceiba, pero lo que apetecían era una salsa de chile,[172] caza y pescado. Y como estaban solos se les acercaron unos hombres del valle que querían ahorcar a los hijos del rey, porque no podían sufrir que pretendieran sobrepasar la grandeza de sus padres. Por ese motivo querían matar a los señores. Pero una noche salieron los príncipes y arrojaron a las gentes de Panah, Chiholom, Xepakay y Xeynup. Los akajales se alegraron cuando llegaron al valle los hijos del rey. Con este motivo se separaron los akajales y abandonaron la ciudad de Ochal, y uniéndose los akajales a nuestros abuelos se fueron a vivir juntos a Zakiqahol y Nimcakah Pee.

Aquí escribiré los nombres de nuestros antepasados, los que gobernaron y recibieron los homenajes y presentes de un gran número de ciudades después de la muerte del rey Citan

---

172 Maloh ye, «chile o ají desmenuzado», el chirmol de los indios, chilmolli en lengua náhuatl.

Qatú, después que nuestros abuelos dividieron su reino entre ellos.

65-66. Gobernaron el rey Citan Qatú, hijo del rey Caynoh, que poseía poderes mágicos. Luego gobernó el rey Qotbalcán. Gobernó el rey Alinam, y gobernó el rey Ixttamer Zaquentol. Después entró a gobernar el rey Chiyoc Quey Ahgug. Entonces salieron juntos los señores Galel Xahil y Xulú Qatú contra los quichés y deseando hacer la guerra contra los señores que estaban en Ginona, peleando contra la ciudad de Ginona. En consecuencia, fue enviado el jefe Xulú Qatú por los reyes Chiyoc Queh y Ttahtah Akbal que a la sazón gobernaban, diciéndole que no tuviera ciertamente compasión de los valientes jefes, pero sí tuviera compasión de la gente.

67. En aquel tiempo el rey Qikab[173] les dijo a los señores: «Regresad a vivir a vuestra patria, Chiavar. Así les fue dicho por el rey Qikab.

Llegan a Chiavar:

68. Por orden del rey Qikab regresaron enseguida nuestros abuelos a la ciudad de Chiavar Tzupitagah.[174] Al mismo tiempo se poblaron todos los lugares por la gente que por ese motivo se marchó con los jefes cuando fueron a habitar en la ciudad de Chiavar por orden de Qikab.

69. Gobernaba entonces el rey Xitayul Hax. Entraron a poblar la ciudad de Chiavar[175] cuando reinaba Xitayul Hax.

173 Rey del Quiché, poderoso monarca que dominó a todos los pueblos de Guatemala y fue depuesto finalmente por revuelta encabezada por sus hijos.
174 «¿En la milpa del valle de la defensa?»
175 Sin que exista prueba alguna que permita identificar a Chiavar, el hecho de que Chuilá (hoy Chichicastenango) estuviera tan cerca de la

70. Entró después a gobernar el rey Xiquitzal, mientras estaban allá en la ciudad de Chiavar Tzupitagah. Mientras tanto gobernaba el reino con esplendor el rey Qikab en la ciudad de Gumarcaahchi-Yzmachíi[176] y todos los pueblos le rendían tributo.

71. Por orden de él se reunieron todos los guerreros de las trece tribus en Gumarcaah, para poner en orden y uniformar sus arcos y sus escudos, y fueron a la conquista de todos los pueblos pequeños y los pueblos grandes y de todos los campos y ciudades. Pero esto no lo hicieron solos los quichés, sino que los guerreros de las trece divisiones conquistaron a los pueblos y de este modo aumentó la gloria del rey Qikab.

72. Sin embargo, una parte de los señores no cumplieron con lo que les habían recomendado nuestros abuelos. Olvidaron las órdenes sobre tener misericordia de los zotziles y tukuchées y no cumplieron con tener compasión de la gente, y de esta manera amenguaron su grandeza y majestad.

73. Gobernaban entonces Rahamún y Xiquitzal. Y guerreaban nuestros abuelos que se llamaban Huntoh y Vukubatz.[177] Eran valerosos guerreros e hicieron la guerra al lado del rey Qikab. Entonces se encontraba nuestro abue-

corte de Qikab, y que en el *Popol Vuh* (4.ª parte, cap. X) se la designe como «la patria de los cakchiqueles», da motivo para creer que Chiavar y Chuilá eran un mismo lugar, o por lo menos tan vecinos que llegaron a confundirse en uno solo.

176 Chi Yzmacht, «en las barbas», era el nombre de la primera ciudad formal donde los quichés establecieron su capital y comenzaron a construir sus casas empleando la piedra, la cal y otros materiales duraderos. Pero habiendo crecido la población y la riqueza e importancia del reino, los reyes Cotuhá y Gucumatz trasladaron la ciudad al sitio llamado Gumarcaah, «cañas podridas», que los mexicanos convirtieron, por traducción, en Utatlán, o lugar de cañaverales, de otatl, caña. El libro cakchiquel une los dos nombres y llama a la capital quiché Gumarcaahchi-Yzmachí.

177 Dos días del calendario, 1 Toh y 7 Batz.

lo Vukubatz en Bogoiyá, y en Xequizchée estaba Huntoh. Aquellos abuelos, rocas poderosas, habían ido a luchar en la guerra y habían librado una campaña gloriosa contra Panah y Chiholom, donde reinaba el rey Ychal Amullac, señor de los akajales. Estuvieron también en Pogoiyá; luego conquistaron la ciudad de Panah, donde aquél gobernaba anteriormente. Después que Huntoh y Vukubatz conquistaron a los de Panah murieron los reyes Rahamún y Xiquitzal.[178]

Entran a gobernar:

74. Después de estos sucesos gobernaron nuestros abuelos Huntoh y Vukubatz. Ellos recibieron el poder y majestad. Entraron a gobernar cuando reinaba el rey Qikab y tuvieron piedad de los zotziles y tukuchées.

75. Nuestro abuelo el rey Vukubatz tuvo por padre al llamado Citan Tihax Cablah, quien era hijo del rey Citán Qatú, y de Tihax Cablah. El reino fue dividido entre nuestros abuelos, o sea el abuelo y rey Caynoh y el rey Citán Qatú. De esta manera entraron a gobernar nuestros abuelos; por orden del rey Qikab entraron a gobernar con todos los señores, señores principales. Igualdad de mando tenían Vukubatz y Huntoh, así llamados. Dos fueron los reyes.

76. Entraron a gobernar nuestros abuelos después que se establecieron en Chiavar Tzupitagah. El rey Qikab se había engrandecido verdaderamente cuando reinaban nuestros abuelos Huntoh y Vukubatz. Aquellos guerreros inspiraban

178 El texto cakchiquel de los últimos párrafos, desde donde traducimos: «Estuvieron también en Pogoiyá», fue omitido por Brinton. Villacorta lo transcribe y da de él una versión inexacta. La parte de que se trata dice así: Xav't ka e qoh chiri Pogoiyá, ok x-qui kagah ri tinamit Panah mahaok que ahavar; tok x-qui kaqah ri Panah, ri Huntoh, Vukubatz, x-e cam ri ahaua Rahamún Xiquitzal.

81

verdadero terror y no olvidaban los consejos ni el recuerdo de nuestros primeros padres y abuelos, Gagavitz, Zactecauh, Caynoh, Caybatz y Citán Qatú. Eran verdaderamente sabios y poseedores del arte mágica aquellos reyes Huntoh y Vukubatz, los que recibieron la grandeza y majestad.

En verdad se rindieron los pueblos y ciudades que fueron conquistados por el rey Qikab en unión de todos los guerreros. De esta manera se engrandeció el rey Qikab. Era temido el poder del rey entre las siete tribus, y los guerreros llevaron la guerra a todas partes. Las siguientes son las ciudades que conquistaron antes que comenzara la revuelta que los quichés hicieron después contra el rey Qikab.

Nombres de todas las ciudades:

Halic	Ah Chumilahay,
Vitaum	Lamagi,
Lahub	Cumatz,
Beleh Cuihay	Rapak,
Xubabal	Chichah,
Gagalix	Uxá,
Hultucur	Ahalquil,
Qamagekum	Molomic Abah,
Cuiqotuk	Nimpokom,
Chicakyug	Nacuxcux,
Cohá	Bulbuxiyá,
Ah Tzuruyá	Panah,
Zutum	Chiholom,
Chixnal	Gekaziván,
Molobak	Guguhuyú,
Toxqomine	Qaxqán,
Tuhallahay	Vukuziván,
Uchabahay	Xerahapit.

78. Todos estos lugares fueron conquistados por Huntoh y Vukubatz en unión del rey, y después de haberlo hecho, nuestros abuelos se establecieron en Chiavar.

He aquí el principio de la revuelta contra Qikab:
79. Comenzó entonces la revuelta contra el rey Qikab de parte de los quichés y también contra la parcialidad [chinamital] del rey. La revuelta se propagó y la parcialidad del rey fue destruida junto con los jefes principales. Los quichés no querían que los vasallos le prestaran sus servicios [al rey]. Deseaban que los caminos fueran transitados [libremente] por la gente del Quiché, pero el rey no quería tal cosa. Los jefes principales se disgustaron con el rey y se negaron a hacerle sus presentes. Por esta causa el pueblo del Quiché se puso en contra del rey y de este modo se amenguó su gloria.

80. Los dos hijos del rey se habían ensoberbecido. Llamábase el uno Tatayac y el otro Ah Ytzá.[179] Tenían también los títulos de Chituy y Quehnay los dos hijos del rey.[180] Reuniéronse entonces los quichés para conferenciar;[181] los hijos los habían predispuesto contra el rey para que no le pagaran el tributo, ya que estaban disgustados por tener que prestarle sus servicios. De esta manera, los hijos se pusieron en con-

179 Tatayac, «el padre zorra o padre de la zorra». Ah Ytzá puede interpretarse como «el del Itzá», o sea el pueblo maya del Petén-Itzá, que habitaba la parte norte del actual territorio de Guatemala y que fue el último reducto indígena que sometieron los españoles en 1697. También puede entenderse este nombre como derivado de tza, la guerra, y ah-tza, el guerrero u hombre pendenciero, y como el brujo o hechicero, ahitz en cakchiquel.
180 Estos eran los títulos de dos de los señores de la casa de Cavek, según el *Popol Vuh*.
181 X-e rachqulchich Queché vinak, en el original.

tra del rey. Además, los llamados Tatayac y Ah Ytzá sentían rencor contra su padre porque ambicionaban el poder real y codiciaban las piedras preciosas, el metal, los esclavos y la gente de su padre. Luego se reunieron en consejo los quichés para deliberar contra los jefes principales que prestaban sus servicios al rey, y mataron a todos los que servían en primer término al soberano.

81. Estos eran los nombres de aquellos señores y jefes principales: Herecb, Tagunún, Ixhutzuy, Eventec, Azacot y Camachal. Así se llamaban.

Ciertamente se reunieron los hijos en consejo con los diferentes grupos,[182] pero no dispusieron matar al rey. Después que entraron los soldados a las casas de los señores, éstos fueron muertos por la soldadesca y no por orden del rey. El rey se encontraba a la sazón en la ciudad de Panpetak. Los soldados querían dar muerte también al rey, pero por orden de los hijos de éste su casa estaba bien guardada en Panpetak. El rey Qikab se humilló ante los soldados, y éstos regresaron entonces con el propósito de destruir y matar a los señores de la casa de Xahil. Después que el rey se humilló ante los soldados dispuso entregarles las piedras preciosas y el metal, así como el gobierno y el mando supremo, y entregó el poder y la majestad a los guerreros. El corazón del rey Qikab estaba lleno de rencor por el mal que habían hecho sus hijos, los llamados Tatayac y Ah Ytzá. De esta manera tomaron el gobierno y el poder los soldados y el pueblo. Enseguida, y por orden de las tribus, señalaron su residencia a los trece señores, a los jefes principales que iniciaron la revuelta; y se extinguió la grandeza del Quiché después de este acto del rey Qikab. Así fue como las tribus se apoderaron del mando antiguamente ¡oh hijos nuestros! Desde entonces,

182 Ri hutak chob.

por este acto de los soldados, el pueblo y los vasallos dejaron de engrandecer a los reyes. En verdad tuvieron piedad del rey, del mismo modo que la tuvieron anteriormente las trece divisiones de guerreros cuando se contuvo la revuelta de los quichés contra el rey. Pero cuando la revuelta estaba próxima a terminar, comenzó de nuevo contra nuestros abuelos.

Principia otra revuelta:

82. Enseguida comenzó otra revuelta contra los reyes Huntoh, Vukubatz, Chuluc y Xitamal Queh, que eran los cuatro reyes. Una mujer fue la causa de esta otra revuelta contra los zotziles y los tukuchées. La mujer que dio origen a la revuelta se llamaba Nimapam Ixcacauh.[183] Esta mujer había ido a la ciudad de Gumarcaah a vender tortillas de maíz y un soldado de la guardia del rey se las quiso arrebatar. La mujer se negó a darle las tortillas por la fuerza y el soldado fue rechazado a palos por la mujer. Quisieron entonces ahorcar al soldado, querían ahorcarlo a causa de la mujer llamada Nimapam Ixcacauh. Con este motivo se reanudó la revuelta de los quichés. Estos querían que se diera muerte a la mujer, pero nuestros abuelos Huntoh y Vukubatz se negaron a entregarla a los quichés o a los soldados.

Quisieron entonces los quichés humillar a los reyes [cakchiqueles] y que fuera el rey Qikab quien tal hiciera. Enfurecidos, se reunieron en consejadlos quichés y dijeron: «Solo el Ahpozotzil y el Ahpoxahil han recibido la grandeza y majestad; matémoslos porque se están engrandeciendo Huntoh y Vukubatz.» Así dijeron los soldados respecto a nuestros

183 Nimapam Ixcacauh, «la del gran vientre». Según la leyenda quiché, Ixcacau era una de las diosas de la agricultura y especialmente del cacao, y como tal es invocada en el *Popol Vuh* (2.ª parte, cap. IV).

abuelos. Quisieron entonces inducir al rey Qikab a que consintiera en que fueran muertos los zotziles y los tukuchées, pero el rey no escuchó las palabras de los quichés.

En realidad, el corazón del rey estaba en favor de Huntoh y Vukubatz. Porque era grande en verdad la sabiduría de Qikab, rey prodigioso. No solamente era un rey ilustre, sino que su juicio y sabiduría, traídos de Tulán, inspiraban admiración. Pero la soldadesca carecía de ciencia, era solo la plebe; y como, además, aspiraba al poder, no obedecieron las órdenes dadas por el rey y continuaron haciendo la guerra.

Estas fueron las órdenes dadas a los señores:
83. Poco después llegó un mensajero del rey a llamar a los señores, cuando ya se había decidido por los quichés la muerte de los zotziles y tukuchées. Aquella noche el Tey Qikab aconsejó a los reyes Huntoh y Vukubatz diciéndoles: «Este no es el principio ni el fin de la guerra contra nosotros ¡oh hijos míos! Bien habéis visto lo que han hecho conmigo. Codiciaban mis esclavos, mi gente, mis piedras preciosas, mi plata. Lo mismo harán con vosotros, hijos míos, mis hermanos y parientes.» Enseguida les dio sus órdenes: «La suerte está echada.[184] Mañana dejaréis de ejercer aquí el mando y poder que hemos compartido con vosotros. Abandonad la ciudad a estos rebeldes sucios y cochinos.[185] Que no oigan más vuestras palabras, hijos míos. Id a vivir al lugar de Yximchée sobre el

184 Mi x-utzin maló, equivalente del clásico Alea jacta est.
185 C'unum, c'achak. Esta mención del falo y los excrementos es un término con que un airado rey Qikab calificaba a los rebeldes que lo habían despojado del poder y habían dado muerte a sus amigos.

Ratzamut.[186] Ahí será vuestra capital. Construid allí vuestras casas donde vayan a fortificarse todas las tribus.

Abandonad a Chiavar. Y en cuanto a vosotros, plebeyos, que mi maldición os acompañe en vuestro triunfo.» Así dijo el rey Qikab ante nuestros abuelos. Luego se despidieron los señores. Y así recibieron nuestros abuelos las órdenes del rey. Y los quichés no los atacaron.

Cómo se marcharon de Chiavar:

84. El día 13 Iq abandonaron la ciudad de Chiavar, cuando nuestros abuelos desalojaron a Chiavar Tzupitagah. Así, pues, el día 13 Iq se fueron y luego hicieron alto.[187] El día 1 Akbal descansó la gente y se detuvieron. El día 2 Qat fundaron la ciudad de Yximchée sobre el Ratzamut. Nuestros abuelos Huntoh, Vukubatz, Chuluc y Xitamal, los cuatro re-

186 Yximchée, nombre del árbol que en Guatemala y Yucatán se conoce con el nombre de ramón (Brosimium alicastrum, Sw.), cuyas hojas sirven de forraje para el ganado y de cuyo fruto se alimentan los habitantes cuando escasea el maíz. De aquí el nombre ixim chée, literalmente árbol de maíz. El Ratzamut es un monte eminente en el cual los cakchiqueles establecieron su capital. Las ruinas de la ciudad existen a poca distancia de la moderna población de Tecpan Quauhtemallan, así llamada por los tlaxcaltecas que acompañaban a los españoles durante la Conquista. Sabiamente el rey Qikab aconsejaba a los cakchiqueles que abandonaran la ciudad de Chiavar y se alejaran aún más de Gumarcaah y de sus enemigos.

187 X-ul x-qat baya quij. Se ha interpretado anteriormente esta frase por los traductores diciendo que los cakchiqueles «quemaron los caminos». El verbo qat significa quemar, pero entre otras acepciones tiene también la de parar, tardar, hacer alto o detenerse; y el verbo y sustantivo bay no es camino y significa lo mismo que qat en el presente caso, parar o detenerse, según se lee en el Vocabulario Maya-Quicbé-Cakcbiquel que se habla en la laguna de Atitlán.

yes y señores de los cakchiqueles, salieron para la ciudad de Yximchée y allí se establecieron.

Enseguida se encerraron [dentro de la ciudad] nuestros abuelos en previsión de la guerra con los quichés y construyeron un fuerte de maderos. Todas las tribus se alegraron cuando se fundó la ciudad por aquellos ilustres varones, los reyes Huntoh y Vucubatz, que habían peleado al lado del rey Qikab. Y por este motivo se llenaron de alegría los guerreros de las siete tribus. Los quichés ya no podían hacer ningún daño y pronto recuperaron las tribus todo su vigor.

A continuación llegaron los mensajeros de las siete tribus ante el Ahpozotzil y el Ahpoxahil y dijeron todos los guerreros: «Bien ha sido, hermanos y parientes míos, que os hayáis venido de Chiavar para estar aquí, Ahpozotzil y Ahpoxahil. Verdaderamente ha sido bueno que vinierais aquí a Yximchée. Solo un hombre de corazón había entre los Cavek, entre los quichés, una sola alma grande. Pero ahora, solos, ya no pelearán los quichés.» Esto dijeron en su arenga todas las siete tribus cuando llegaron ante los reyes. Luego empeñaron su palabra todos los guerreros de las siete tribus cuando se pobló la ciudad de Yximchée y así fue como los quichés se quedaron solos y no se volvieron a juntar con ellos.

De esta manera fundaron nuestros abuelos la ciudad de Yximchée ¡oh hijos míos! Los quichés no intentaron hacer la guerra contra los cakchiqueles. Apenas llegaban a enseñar la cara. Pero nuestros abuelos fueron los primeros en alzar el brazo.

Cuando se declaró la guerra contra los quichés por nuestros abuelos Huntoh y Vukubatz, todos los habitantes de la ciudad de Qizqab habían ocupado los lugares de Chakihyá y Xivanul[188] y nuestros hombres se trasladaron a Xechibohoy y

188 «Río Seco y el Tigrillo.»

Xechitur.[189] Poco después de haberse establecido los quichés, nuestros abuelos invadieron dos de las fundaciones quichés y los habitantes de Qizqab y Xechituh fueron muertos por orden de los reyes. Los quichés abandonaron enseguida los lugares de Chakihyá y Xivanul, llenos de terror cuando comenzó la guerra. Después de la destrucción de Qizqab y Xechituh se dirigieron los quichés a los ríos de Xivanul y Chakihyá, que hoy se llaman de San Gregorio y Santo Tomás.

85. A continuación repartieron los reyes entre los señores principales de las siete tribus a todos los pueblos que debían prestarles servicios, o sea los de Popoyá, los de Pancag, los de Holom, Mixcu y Tamyac,[190] todos de raza pocomam. En cuanto a los pueblos de la costa, los Ytziyule, los de Xeabah y los de Zakquchabah,[191] los dos reyes los tomaron todos para sí. A Huntoh y Vukubatz les rendían tributo las siete tribus y los señores principales. Los señores eran cuatro, pero los dos llamados Chuluc y Xitamal Queh no tenían importancia.[192] Todas las siete tribus reconocieron inmediatamente el poder de nuestros abuelos cuando se establecieron en Yximchée.

Así fue como se extinguió la gloria de los quichés, según contaban nuestros padres y abuelos ¡oh hijos míos!

189 «Bajo el tarro, Bajo el baño de vapor.»
190 Popoyá, «ríos reunidos»; Ah Pancag, «los del fuego»; Ah Holom, «los de la cabeza»; Mixcu, el antiguo pueblo y fortaleza pocomam que con gran esfuerzo conquistaron los españoles y cuyos sobrevivientes fueron trasladados al sitio que ocupa el actual pueblo de Santo Domingo Mixco, inmediato a la ciudad de Guatemala. Tamyac, «cosecha de flores».
191 «Llegada de los brujos», «Bajo las peñas» y «la Piedra del Rey Zope».
192 Mani qui covil, literalmente, «no eran fuertes».

La muerte de los reyes:

86. El rey Huntoh murió primero, y enseguida murió el rey Vukubatz. Cuando murieron los reyes, nuestros padres ya habían asentado la ciudad.

87. Enseguida reinó el rey llamado Lahuh Ah,[193] hijo primogénito del rey Huntoh.

88. Reinó después el rey llamado Oxlahuh Tzíi,[194] hijo primogénito del rey Vukubatz. Nueve hijos varones tuvo el rey, nuestro abuelo zibakihay.[195] La esposa del rey Vukubatz se llamaba lxomox.[196] El hijo mayor del rey se llamaba Oxlahuh Tzíi; el segundo se llamaba el señor Cablahuh Batz;[197] Chopená Tohín se llamaba el tercero; Chopená Tziquin Uqá era el nombre del cuarto. Estos dos [últimos] antepasados nuestros perecieron en la guerra. Chopená Tohín murió en Tucurú Cakixalá,[198] nombre del lugar donde murió. Panatacat[199] fue el lugar donde pereció Chopená Tziquin Uqá. El quinto hijo se llamaba Chopená Queh; el sexto Nimá Ahín. El séptimo se llamaba también Ahín; y Caok y Qatú eran los nombres de los otros dos. Todos estos antepasados nuestros fueron varones ilustres.

89. Estos reyes y antecesores nuestros, Oxlahuh Tzíi y Lahuh Ah eran verdaderamente temibles por su valor. Se les

193 10 Ah, día del calendario.
194 13 Tzíi, día del calendario.
195 Es decir, perteneciente a la rama o familia de Zibakihay, uno de los cuatro clanes de los cakchiqueles.
196 Aquí tenemos un nombre curioso, formado por el día Imox acompañado del prefijo ix, distintivo del femenino.
197 12 Batz, día del calendario.
198 «Los búhos y guacamayos».
199 Palabra de la lengua pipil, nombre primitivo de la ciudad de Escuintla, al sur del Lago de Amatitlán.

temía asimismo por su ciencia, pues no habían olvidado las lecciones de sus padres y abuelos. Por ese motivo se llenaron de satisfacción los corazones de los vasallos cuando aquéllos entraron a gobernar rodeados de gloria y majestad. Grandes y numerosas guerras tuvieron que librar. El rey Lahuh Ah murió. Enseguida entró a gobernar el rey Cablahuh Tihax, así llamado,[200] hijo primogénito del rey Lahuh Ah. El rey Oxlahuh Tzíi reinó también cuando gobernaba Cablahuh Tihax y estos reyes disfrutaron asimismo de gran poder.

Ocurrió entonces la muerte del rey Qikab, el rey prodigioso del Quiché, y los quichés intentaron hacer la guerra a los cakchiqueles. Gobernaban a la sazón en el Quiché los reyes llamados Tepepul e Iztayul, y los corazones de los quichés aborrecían a la ciudad de Yximchée.

Vino por este tiempo una gran hambre ocasionada por fuertes heladas que mataron las siembras de maíz en el mes de Uchum. La helada destruyó las siembras y de esta manera se perdieron las cosechas, según contaban nuestros antepasados ¡oh hijos míos! Cogieron los quichés en estos días a un hombre que se había escapado de los cakchiqueles y llegó ante los quichés llevándoles la noticia del hambre. Ese hombre les dijo así: «El hambre es verdaderamente terrible y la gente ya no puede soportar más a causa del hambre.» Así dijo cuando llegó ante los quichés, y éstos decidieron al punto la muerte de los cakchiqueles porque les tenían un odio mortal.

Lo que pasó:

90. A continuación salieron violentamente de la ciudad de Gumarcaah, para aniquilar a todos los señores. Llevaban a su dios Tohohil. Los guerreros llegaron de todas partes; no

200 12 Tihax, día del calendario.

era posible contar la gente; no eran ocho mil, ni dieciséis mil los que iban.[201] Venían las tribus, que ahí se habían cubierto de plumas cuando se reunieron y se ataviaron con sus arcos, sus escudos y sus armas de guerra, sus plumas verdes tornasoladas[202] y las guirnaldas resplandecientes, y con sus coronas de metal y de piedras preciosas. Así iban adornados cuando salieron de allá.

91. La llegada de los quichés a Yximchée fue el día 10 Tzíi. No había llegado a conocimiento de nuestros abuelos Oxlahuh Tzíi y Cablahuh Tihax que venían los quichés a matar a los zotziles y tukuchées. Solo un prófugo que oyó la noticia se la llevó a los reyes. «Pasado mañana os matarán, vendrán a exterminaros todos los quichés, a matar a la gente en la ciudad, a donde se introducirán. En verdad causa espanto ver cómo vienen. No son ocho mil, ni dieciséis mil hombres.» Así dijo el fugitivo cuando llegó ante los cakchiqueles.

Los señores se reunieron en consejo inmediatamente y dijeron: «Ya habéis oído. Es necesario ir a cortar el paso a los quichés.» Esto dijeron los reyes. Al instante salieron a ocupar el camino; una división de soldados marchó a hacer pedazos a los quichés. Unicamente salió a su encuentro la gente de la ciudad. Por el camino real se dirigieron hacia la cumbre de la montaña e hicieron alto para combatir con los enemigos,

201 Maqui xa hu chuvy, ca chuvy x-pe. Chuvy era el saco de 8.000 almendras de cacao. La misma unidad se usaba para contar a los ejércitos numerosos. La frase del texto da a entender que el ejército quiché se componía de más de 16.000 hombres.
202 Chi tonatiuh gug. En esta interesante expresión aparece la palabra náhuatl tonatiuh, el Sol, sirviendo de adjetivo para describir las plumas de quetzal y las guirnaldas hechas de las plumas de éstas y otras aves.

los de Tibakoy y Raxakán[203] y cerraron el camino a los de
Galeah, Pazaki Uleuh y Ginona.

92. Enseguida se revistieron los guerreros de sus escudos
y sus armas de guerra, esperando la llegada [del enemigo].

La destrucción de los quichés:
93. Cuando apareció el Sol en el horizonte y cayó su luz sobre la montaña estallaron los alaridos y gritos de guerra y
se desplegaron las banderas, resonaron las grandes flautas,
los tambores y las caracolas. Fue verdaderamente terrible
cuando llegaron los quichés. Pero con gran rapidez bajaron
a rodearlos [los cakchiqueles], ocultándose para formar un
círculo, y llegando al pie del cerro se acercaron a la orilla del
río, aislando las casas del río, lo mismo que a los servidores
de los reyes Tepepul e Iztayul que iban acompañando al dios.
Enseguida fue el encuentro. El choque fue verdaderamente
terrible. Resonaban los alaridos, los gritos de guerra, las flautas, el redoble de los tambores y las caracolas, mientras los
guerreros ejecutaban sus actos de magia. Pronto fueron derrotados los quichés, dejaron de pelear y fueron dispersados,
aniquilados y muertos los quichés. No era posible contar los
muertos.

Como resultado, fueron vencidos y hechos prisioneros y
se rindieron los reyes Tepepul e Iztayul[204] y entregaron a su
dios. De esta manera el Galel Achih, el Ahpop Achí, el nieto
y el hijo del rey, el Ahxit, el Ahpuvak, el Ahtzib y el Ahqot
y todos los guerreros fueron aniquilados y ejecutados.[205] No

203 «Comida de mono» y «Pierna verde».
204 Quereqá x-qagé, x-telecheex, x-qui ya quij ahaua Tepepul Yztayul.
205 Todos estos nombres corresponden a dignatarios de la corte del Qui-
    ché. El Ahxit es el joyero, el Ahpuvak el platero, el Ahtzib el escriba-
    no y el Ahqot el tallador.

podían estimarse en ocho mil, ni en dieciséis mil los quichés
a quienes los cakchiqueles dieron muerte en aquella ocasión.
Así contaban nuestros padres y abuelos ¡oh hijos míos! Esto
fue lo que hicieron los reyes Oxlahuh y Tzíi y Cablahuh Tihax junto con Voo Ymox[206] y Rokel Batzín. Y no de otra
manera se engrandeció el lugar de Yximchée.

La muerte del rey Ychal

(Amolac Lahuh Noh Chicum Cuat):
94. Los akajales estaban viviendo en los pueblos de Chi Holom, Guguhuyú y Qaxqán, donde reinaba Ychal Amolac.
Los mensajeros de los reyes Oxlahuh Tzíi y Cablahuh Tihax
fueron a instarle a que bajara [a Yximchée]. Pero él les contestó: «Que vengan los guerreros del rey y los vasallos de mi
abuelo.[207] Que midamos con ellos nuestros arcos y nuestros
escudos. Los quichés han querido probar a hacer la guerra
contra nuestros campos y nuestra ciudad y nosotros les hemos hecho frente a los quichés. Probemos a luchar con ellos,
que vengan los soldados del rey», dijo cuando se presentaron
ante Ychal.

Enseguida tomó el rey su resolución: «Está bien. Mis soldados se levantarán contra el Ahpozotzil y el Ahpoxahil.
Irán todos mis guerreros. Yo seré uno de los que vayan, iré[208]
a conocer la ciudad cakchiquel; iré a hacer la guerra a los
vasallos de mi abuelo», dijo el rey Ychal a los mensajeros.

95. Los reyes se alegraron al punto cuando les comunica-
ron las palabras del rey Ychal. Convocaron inmediatamente

---

206 5 Ymox, día del calendario.
207 V'icán nu mama.
208 In qa hurí qui be.

un consejo para deliberar acerca de Ychal. «Bueno será que se apague la luz de sus ojos y que arrojemos a Ychal en brazos del demonio», dijeron los señores. Y enseguida se decidió su muerte por nuestros abuelos Hunahpú Tzián, Nimazahay, Ahciq Ahauh, Choc Tacatic, Tzimahi Piaculcán y Xumak Cham, quienes estaban envidiosos a causa de la riqueza con que aquél llegaría y de las joyas con que se presentaría.

96. Cuando se fue el rey Ychal muchos guerreros partieron con el sabio rey. Al despedirse de su casa, Ychal exclamó: «Tal vez regreso, tal vez no regresó, o puede ser que muera.» Así habló el rey cuando se Iba. Tan pronto como se dieron cuenta de que se iba el rey, salieron rápidamente sus hijos, luego que lo supieron, y dijeron: «Atended a los fuertes, construidlos de cal y canto, armaos para infundir temor a los zotziles y tukuchées.» Así les dijeron a los guerreros. En consecuencia regresó una parte a sus casas y a sus familias. Enseguida salió el rey Lahuh Noh.[209]

97. Con el rostro sombrío llegó a la ciudad de Yximchée. Cuando llegó, su muerte ya había sido decretada por disposición de los jefes. En cuanto llegó [Ychal] fue conducido al consejo; pero apenas entró cuando mataron al rey junto con todos los varones que lo acompañaban. Se apoderaron de sus criados y aposentadores en cuanto llegaron y exterminaron y mataron a todos los akajales. Así murió Ychal Amolac en Yximchée. He aquí los nombres de los guerreros que mu-

209 Tok r'elic chic ahauh Lahuh Noh. Los traductores de este documento han leído aquí que el rey salió el día 10 Noh, pero esto es un error. Aparte de que el sentido de la frase es muy claro, el subtítulo puesto por el autor al frente de este párrafo confirma el hecho de que el rey de los akajales se ñamaba Ychal Amolac Lahuh Noh Chicumcuat. El último nombre es mexicano y significa siete serpientes. Chicomecouatl, según Sahagún, era la diosa de la abundancia que daba de comer y de beber.

rieron con él, todos señores principales: Zoroch, Hukahic, Tameltoh, Huvarahbix y Vailqahol. Así se llamaban aquellos distinguidos señores. Muchos fueron los guerreros que vinieron a morir.

Como resultado de esto cayó la ciudad de Chi Holom. Muchas gentes de los akajales vivían en las ciudades de Qaxqán, Ralahal Iq, Guguhuyú y Vukuziván. Todas estas ciudades acabaron siendo destruidas por los reyes Oxlahuh Tzíi y Bablahuh Tihax. Deseando repoblar Xerahapit, trasladaron allí a los akajales para que fueran a llorar a sus muertos.

He aquí la muerte de Caoké:
En Paraxtunyá estaba el rey llamado BelehéQuih, que era vecino del rey Voo Caok,[210] el Atziquinahay.[211] Caoké solo pensaba en la guerra, tenía la guerra en su corazón. Habiendo construido unas fortificaciones a su alrededor, el rey Belehé Quih aspiraba al poder supremo. Entonces dijeron los reyes Oxlahuh Tzíi y Cablahuh Tihax, cuando recibieron la noticia de los preparativos de guerra: «Los corazones del Atziquinahay y Belehé Quih están llenos de maldad. Están pensando hacernos la guerra. Caoké se ha propuesto tomar el poder supremo. Conviene que entremos en guerra con él.» Así dijeron los reyes y al instante se decidió la muerte de Caoké y salieron los guerreros a matarlo. En realidad, Caoké era valiente y era fácil matarlo porque bajaba trece veces a la ciudad y probaba suerte trece veces al día. Habiéndose efectuado la guerra, la ciudad de Paraxtunyá cayó en manos de nuestros

210 El día 5 Caok.
211 El rey zutujil.

abuelos Oxlahuh Tzíi y Cablahuh Tihax y murieron todos los que hemos nombrado.

Entonces tuvo lugar la revolución de Yximchée:
99. Una cuestión de tierras fue la causa de la lucha iniciada por los akajales que se pusieron a pelear Con los tukuchées, porque los tukuchées habían destruido las milpas de los akajales. Pronto capturaron y maltrataron a los hombres que destruyeron las milpas; en la punta de Chiquib lo hicieron las gentes de aquel tiempo.

100. Los reyes Cablahuh Tihax y Oxlahuh Tzíi eran jueces de los tukuchées y de los akajales. Estaban el señor de los tukuchées llamado Cay Hunahpú, el Atzih Vinak Cavek[212] y, además, los jefes Tzirín Yyú y Toxqom Noh, así llamados. El rey Cay Hunahpú daba muestras de aspirar al poder, tenía muchos vasallos. Pero el Ahpozotzil y el Ahpoxahil no le entregaron a los akajales para que los matara. Efectivamente, Cay Hunahpú ardía en deseos de matar a los akajales. Por esta razón, Cay Hunahpú marchó contra los reyes Cablahuh Tihax y Oxlahuh Tzíi, pues aquel jefe aborrecía al Ahpozotzil y al Ahpoxahil y pretendía gobernar solo.

Entonces creció la lucha instigada por los jefes, pues el rey Cay Hunahpú deseaba hacer la revolución. Verdaderamente el rey Cay Hunahpú deseaba la guerra en su corazón. Este jefe no quería ser humillado por los reyes Oxlahuh Tzíi y Cablahuh Tihax, e hizo grandes preparativos después que lo humillaron.

Los señores y sus vasallos no deseaban la revuelta y con pena se enteraron de ella. Los rayos se llenaron de temor

212 2 Hunahpú, día del calendario. El nombre de Cavek da a entender que este jefe era de origen quiché.

cuando supieron [los preparativos] de Cay Hunahpú, pero no trataron de impedirlos.

101. Enseguida se fijó por el rey Cay Hunahpú el día en que debía tener lugar la revolución, y el día 11 Ah [18 de mayo de 1493] estalló la revolución. Sacaron de la ciudad a los tukuchées hacia el otro lado del río; allá fueron y salieron todos los guerreros tukuchées para invadir la ciudad. Pero no bajaron los guerreros de los reyes Cablahuh Tihax y Oxlahuh Tzíi. Solo una división de guerreros obedeció las órdenes de los señores de Xechipekén, el Ahpop Achí Zinahitoh, que éste era el nombre del varón que mandaba en Xechipekén.

La muerte de los tukuchées que fueron completamente aniquilados:

102. Al apuntar en el horizonte el día 11 Ah irrumpieron los tukuchées desde el otro lado de la ciudad. Al instante se oyó el sonido de las flautas y el toque de los tambores del rey Cay Hunahpú, quien estaba revestido de sus armas de guerra, cubierto de plumas resplandecientes y guirnaldas tornasoladas, con coronas de metal y pedrería. Cuando irrumpieron desde el otro lado del río infundieron terror. No era posible contar a los tukuchées; no eran ocho mil, no eran dieciséis mil.

Luego comenzó el ataque a la ciudad en el extremo del puente, lugar que había escogido Chucuybatzín para la guerra y para llevar a los tukuchées a la revuelta. Cuatro mujeres se habían armado de cotas de algodón y de arcos, disfrazándose para la guerra como cuatro jóvenes guerreros.[213] Las flechas lanzadas por estas combatientes penetraron en la es-

213 ¿Amazonas?

98

tera de Chucuybatzín.[214] Fue espantosa la gran revolución que hicieron los señores antiguamente.

Después de la lucha llevaron a enseñar los cuerpos de las mujeres al cuartel de los zotziles y los xahiles, de donde procedían. De ahí salió una división que apareció en el camino real junto al foso profundo, y ella sola dispersó a los guerreros de Tibaqoy y Raxacán a lo largo del camino. Solo dos [hombres] cayeron cuando los pusieron en fuga. Y el que había ido al otro lado de la ciudad a lanzar la revolución y la matanza y había sido hecho pedazos era el Ahpop Achí Zinahitoh, señor de Xechipekén.

103. Enseguida hicieron pedazos a los tukuchées. Pronto fueron derrotados; ya no peleaban y se echaron a huir. Los soldados fueron aniquilados, y dieron muerte a las mujeres y a los niños. Murió[215] el rey Cay Hunahpú, murieron los jefes Tzirín Iyú y Toxqom Noh y todos los padres e hijos de los señores. Los de Tibaqoy y de Raxacán se fueron enseguida al Quiché; otra parte se fue al territorio zutujil, se confundieron entre sus vasallos y se dispersaron.

Así fue antiguamente la destrucción de los tukuchées ¡oh hijos míos! La llevaron a cabo nuestros abuelos Oxlahuh Tzíi y Cablahuh Tihax. El día 11 Ah fue la dispersión de los tukuchées.

104. En el undécimo mes después de la revuelta los quichés quisieron matar a los de Tibaqoy y entonces los tukuchées se dirigieron a Chiavar a matar a los quichés y los aniquilaron en el lugar llamado Yaxón Tzíi, el día 9 Caok [10 de diciembre de 1493].

---

214 X-oc chuva ru pop Chucuybatzín. La estera o petate era el símbolo de la autoridad del jefe.
215 X-u ya, literalmente, «se entregó», pero debe entenderse que él y sus compañeros recibieron la muerte.

105. En el decimosexto mes después de la revolución murió Zinahitoh, quien quería derrocar al Ahauh Atzih Vinak Ahmoxnay. Zinahitoh quería asumir él solo el poder pasando sobre los jefes, y por eso mataron a Zinahitoh. Muchos guerreros fueron a matarlo a la ciudad el día 11 Can [26 de mayo de 1494].

106. Un año menos diez días después de la revolución ahorcaron al Ahauh Atzih Vinak Ahmoxnay, el día 11 Akbal [12 de junio de 1494]. Hicieron pedazos el cuerpo en descomposición del señor.[216] Así lo mataron.

El día 8 Ah [22 de junio de 1494] se cumplió un año después de la revolución.

107. Poco menos de dos años después de la muerte de los tukuchées fueron muertos los zutujiles en Zahcab el día 1 Ahmak [10 de julio de 1495]. Los zutujiles fueron muertos y aniquilados y sus jefes Nahtihay y Ahquibihay se entregaron. Solo el señor Voo Caok, el Ahtziquinahay, no se rindió, pero su corazón estaba lleno de malas intenciones hacia los cakchiqueles.

El día 5 Ah [27 de julio de 1495] se cumplieron dos años después de la revolución.

El día 2 Ah [30 de agosto de 1496] se cumplieron tres años después de la revolución.

El día 3 Queh [13 de septiembre de 1496 o 31 de mayo de 1497] hubo una revuelta en el Quiché. Los tukuchées fueron a tomar parte allá en el Quiché.

216 Xa x-u hach coboyel ahaua. «Por haber detenido a los mensajeros del rey», es el sentido que los traductores han dado a esta frase, no obstante ser relativamente clara. Solo puede haber duda respecto al adjetivo coboyel. Coboco significa hediondo, según el *Diccionario Cakchiquel*, y ésa es la interpretación que le hemos dado a la palabra del texto.

El día 12 Ah [4 de octubre de 1497] se cumplió el cuarto año después de la revolución.

109. Durante el quinto año murieron los de Mixcu, tributarios del rey Cablahuh Tihax, que querían asumir el poder. El día 7 Camey [16 de diciembre de 1497] cayeron los guerreros sobre la ciudad de los de Mixcu y los aniquilaron.

110. Murieron entonces los yaquis de Xivicu que se habían aliado al rey Voo Caok, señor de los akajales,[217] cuando el pueblo akajal se levantó queriendo apoderarse del mando de aquel lugar.

111. Seis días faltaban para que se cumplieran cinco años desde la revolución, cuando los akajales recibieron la muerte frente a la ciudad porque el rey Voo Caok quería asumir el mando del lugar.[218]

El día 9 Ah [8 de noviembre de 1498] se cumplieron cinco años después de la revolución.

El día 6 Ah [13 de diciembre de 1499] se cumplieron seis años después de la revolución.

El día 3 Ah [16 de enero de 1501] se cumplieron siete años después de la revolución.

112. Durante el octavo año después de la revolución, los zutujiles fueron exterminados por los de Xeynup y Xepalica; fueron muertos y aniquilados. Zakbín y Ahmak perecieron el día 13 Ahmak [8 de febrero o 25 de octubre de 1501].

El día 13 Ah [20 de febrero de 1502] se cumplieron ocho años desde la revolución.

El día 10 Ah [27 de marzo de 1503] se cumplieron nueve años desde la revolución.

217 En el párrafo 107 se ha dicho que Voo Caok era el Ahtziquinahay, o rey de los zutujiles, y aquí se le llama señor de los akajales. Podrían ser dos personas distintas con un mismo nombre, 5 Caok, pero lo más probable es que en uno u otro lugar haya un error de copia.
218 Xa x-rab gagar chic ahauh Voo Caok, en el original.

113. Doce días antes del décimo año después de la revolución, nuestro abuelo el rey Oxlahuh Tzíi les impuso el escudo a los cakchiqueles.[219] En verdad demostró su gran poder cuando hizo venir a Yximchée a todas las tribus. Esto pasó el día 8 Ymox [18 de abril de 1504].

El día 7 Ah [30 de abril de 1504] se cumplió el décimo año después de la revolución.

El día 4 Ah [4 de junio de 1505] se cumplió el undécimo año después de la revolución.

El día 1 Ah [9 de julio de 1506] se cumplió el duodécimo año de la revolución.

El día 11 Ah [13 de agosto de 1507] se cumplió el decimotercer año de la revolución.

114. El día 13 Tziquín [15 de agosto de 1507 o 1 de mayo de 1508] murió la señora Voo Queh,[220] mujer de Lahuh Tihax, hijo de Qikab.

Estaba para terminar el decimocuarto año después de la revolución cuando murió también nuestro abuelo Oxlahuh Tzíi. Murió el día 3 Ahmak [20 de julio de 1508]. Este rey se había hecho temer verdaderamente por su poder. Jamás fue vencido desde el día en que nació; hizo muchas guerras y conquistó muchas ciudades hasta el día en que murió. Los siguientes son los hijos de este rey:

115. Hunyg se llamaba su hijo primogénito que entró a gobernar a la muerte de su padre el rey Oxlahuh Tzíi. Las cuatro parcialidades unánimemente consintieron en que gobernara el rey Hunyg.

Vakaki Ahmak era el nombre del segundo hijo.

Noh era el tercer hijo.

219 X-iko pokob Cakchequel. Esta frase puede interpretarse en el sentido de que el rey cakchiquel alistó en aquella fecha a sus vasallos en las filas del ejército.
220 3 Queh, día del calendario.

Belehé Qat era el cuarto hijo.

Ymox era el quinto hijo.

Noh, el sexto.

Maku Ixquhay se llamaba la señora esposa del rey Oxlahuh Tzíi. Tuvieron tres hijos, el mayor de los cuales era el rey Hunyg. Otras dos mujeres fueron madres cada una de parte de los hijos del rey. La cuñada del rey tuvo a Belehé Qat.[221]

El día 8 Ah [16 de septiembre de 1508] se cumplieron catorce años desde la revolución.

116. Luego murió el rey Cablahuh Tihax; el día 4 Ey [2 de febrero de 1509] murió el rey.

El día 5 Ah [21 de octubre de 1509] se cumplieron quince años desde la revolución.

Enseguida entró a gobernar el rey llamado Lahuh Noh, hijo primogénito de Cablahuh Tihax. Por este tiempo los reyes Hunyg y Lahuh Noh recibieron a los yaquis de Culuacán. El día 1 Toh [4 de julio de 1510] llegaron los yaquis, mensajeros del rey Modeczumatzin, rey de Mexicu.[222]

Nosotros vimos cuando llegaron los yaquis de Culuacán. Estos yaquis, que vinieron hace muchos años, eran muy numerosos ¡oh hijos míos! Reinaban entonces nuestros abuelos Hunyg y Lahuh Noh.

El día 2 Ah [25 de noviembre de 1510] se cumplieron dieciséis años después de la revolución.

119. En el curso de este año se reanudó la guerra con los quichés. El día 8 Ganel [12 de mayo de 1511] entramos al Quiché, gobernando Hunyg, nuestro abuelo, y el Nimá Ahpop Achí, abuelo vuestro, cuando llevaron la guerra al Quiché ¡oh hijos míos! Los que hicieron la guerra al Quiché

---

221 Xa ri xnam ahauh x-alán ri Belehé Qat.

222 Estos mensajeros mexicanos, yaquis de Culuacán, deben haber sido enviados en 1510 por el emperador Moctezuma II.

fueron vuestro abuelo el Ahpop Achí Balam, el Ahpop Achí Ygich y el Galel Achí Qatú, quienes dieron muerte a mucha gente quiché. Pero no fue de esta manera como se engrandecieron nuestros padres y abuelos.

El día 12 Ah [30 de diciembre de 1511] se cumplieron diecisiete años después de la revolución.

El día 9 Ah [2 de febrero de 1513] se cumplieron dieciocho años después de la revolución.

120. Durante este año pasaron los animales, salieron del bosque las palomas. El día 3 Coak [20 de marzo de 1513] pasaron las palomas por la ciudad de Yximché, y en verdad causaban espanto los animales.

121. Cien días después de haber salido las palomas del bosque, llegó la langosta. El día 2 Yq [30 de junio de 1513] pasó por la ciudad y en verdad causó gran alarma en aquel tiempo antiguo el paso de la langosta.

122. Nueve gentes fueron quemadas en Yximché. Un incendio destruyó la ciudad el día 4 Camey [31 de diciembre de 1513]. Nuestro abuelo el rey Hunyg no estaba allí, se encontraba en el otro lado del río; no estaban nuestros padres y abuelos cuando se incendió la ciudad. Todos presenciamos [el incendio] ¡oh hijos míos!

El día 6 Ah[223] [9 de marzo de 1514] se cumplieron diecinueve años desde la revolución.

123. Durante este año vuestros abuelos mataron a los quichés en el río Zotzil. Muchos señores principales perecieron cuando llevaron allá la guerra.

124. Nuevamente fueron aniquilados los quichés y sufrieron pérdidas cuando Mukché fue invadido por los quichés.

---

223 Chi vahxaqui Ah, o sea el 8 Ah, se lee en el original, pero es evidentemente un error.

Muchos de los jefes principales[224] y el Galel Achí perecieron en ese lugar; murieron también muchos de menor categoría. Y nuestros padres y abuelos hicieron muchos prisioneros.

El día 3 Ah [13 de abril de 1515] se cumplió un ciclo de veinte años[225] desde la muerte de los tukuchées que hicieron la revolución.

El día 13 Ah [17 de mayo de 1516] se cumplió un año más [21]. 125. Durante este año el rey Lahuh Noh llevó sus armas a Cakhay.[226] El día 8 Ganel [20 de enero de 1517] fue ocupada la fortaleza. Los jefes hicieron allí una demostración de fuerza verdaderamente grande. Llegaron todas las siete tribus, Hunyg y Lahuh Noh la hicieron. Hicieron esta guerra vuestros abuelos el Ahpop Achí Balam, el Ahpop Achí Ygich y el Galel Achí Qatú.

Se cumplió el 22.° año de la revolución el día 10 Ah [21 de junio de 1517].

126. Durante este año nuestros padres y abuelos destruyeron de nuevo a los quichés; los exterminaron como por el rayo. Se encontraron con los quichés dos divisiones de soldados. En esa ocasión se entregó Yaxonkik, hijo del jefe Ahpoptuh, y muchos otros señores principales. Así se engrandecieron vuestros abuelos ¡oh hijos míos! Muchos prisioneros hicieron también en la guerra de que hablamos.

224 Qiy nimak rahpop achij.
225 Hu may, o sea un período de veinte años, semejante al katún maya, pero más fiel que éste al sistema vigesimal de numeración que usaban los antiguos indios americanos. Son exactamente 20 X 400, o sea 8.000 días.
226 Cakhay, literalmente, «casa roja», era el nombre que daban los indios a las pirámides erigidas para fines religiosos y que servían, además, de fortalezas para la defensa. Eran semejantes a los teocalli de México. Cakhay se hallaba a una legua al oeste de Rabinal, según Brasseur de Bourbourg.

El día 7 Ah [26 de julio de 1518] se cumplió el 23.º año después de la revolución.

El día 4 Ah [30 de agosto de 1519] se cumplió el 24.º año después de la revolución.

127. He aquí que durante el quinto año apareció la peste ¡oh hijos míos! Primero se enfermaban de tos, padecían de sangre de narices y de mal de orina. Fue verdaderamente terrible el número de muertes que hubo en esa época. Murió entonces el príncipe Vakaki Ahmak. Poco a poco grandes sombras y completa noche envolvieron a nuestros padres y abuelos y a nosotros también ¡oh hijos míos! cuando reinaba la peste.

El día 1 Ah [3 de octubre de 1520] se cumplió un ciclo y cinco años de la revolución, mientras azotaba la peste.

128. En el curso de este año en que azotaba la epidemia murió nuestro padre y abuelo, Diego Juan.[227]

El día 5 Ah [12 de marzo de 1521] emprendieron nuestros abuelos la guerra contra Panatacat, cuando comenzaba a extenderse la peste.[228] Era terrible en verdad el número de muertes entre la gente. De ninguna manera podía la gente contener la enfermedad.

129. A los cuarenta [días] de haber comenzado la epidemia murió nuestro padre y abuelo; el día 12 Camey [14 de abril de 1521] murió el rey Hunyg, vuestro bisabuelo.

227 Brinton no podía explicarse la aparición de este nombre castellano antes de la Conquista. Diego Juan debe de haber sido uno de tantos indios bautizados por los españoles años más tarde, y que anotó la muerte de sus padres en el libro común de Sololá.

228 La ciudad actual de Escuintla. Alvarado atacó y destruyó en 1524 aquel antiguo pueblo de raza pipil que en su *Relación* a Cortés llama Yscuintepeque. La peste que azotaba a los pueblos en ese tiempo pudo ser la viruela, que comenzó a diezmar a los habitantes de la Isla Española en 1517 y que, según se dice, fue introducida en México por un negro del ejército de Pánfilo de Narváez.

130. A los dos días murió también nuestro padre, el Ahpop Achí Balam, vuestro abuelo ¡oh hijos míos! Juntos murieron nuestros abuelos y padres.

Grande era la corrupción de los muertos. Después de haber sucumbido nuestros padres y abuelos, la mitad de la gente huyó hacia los campos. Los perros y los buitres devoraban los cadáveres. La mortandad era terrible. Murieron nuestros abuelos y junto con ellos murieron el hijo del rey y sus hermanos y parientes. Así fue como nosotros quedamos huérfanos ¡oh hijos míos! Así quedamos cuando éramos jóvenes. Todos quedamos así. ¡Para morir nacimos![229]

Nombres de nuestros antepasados hijos de reyes:
131. El Ahpop Achí Balam, así llamado, hijo primogénito del rey Hunyg, estaba ya investido de mando entre los jefes cuando llegó la grande y mortal epidemia.

132. El segundo hijo se llamaba Ahmak; hijo suyo es don Pedro Solís. Tohín fue el tercer hijo. No dejó descendencia y murió con el rey, murieron nuestros tres padres.

133. Nuestro padre Francisco, el Ahpop Achí Tzián, fue el cuarto hijo.

134. El quinto hijo fue Balam, quien no dejó descendencia.

135. Ahtzalam Hunahpú fue el sexto hijo. El y otros tres de nuestros abuelos se libraron de la epidemia. En cuanto a todos nosotros, éramos niños, sobrevivimos y pudimos ver toda la peste ¡oh hijos míos!

Este es el nombre de nuestra abuela la primera esposa del rey Hunyg, era una señora llamada Chuvy Tzut; tuvo tres hijos: nuestro padre, el padre de don Pedro Solís, y Tohín, que no tuvo hijos. Y habiendo muerto la señora Chuvy Tzut,

---

229 Ru poyibal alaxic.

ocupó su lugar la señora Ixgekaquch, mujer ahtziquinahay [zutujil], madre del Ahpop Achí Tzián y de Balam. Dos hijos tuvieron.

136. Cien días después de la muerte de los reyes Hunyg y Lahuh Noh fueron electos reyes Cahi Ymox y Belehé Qat;[230] el día 1 Can [11 de agosto de 1521] fueron electos; pero solo uno entró a gobernar, Belehé Qat, que se había salvado [de la peste]. Nosotros éramos niños y estábamos solos; ninguno de nuestros padres se había salvado. Tzián y Balam también estaban pequeños y éstos éramos los descendientes del rey Hunyg. Por esta razón gobernó Belehé Qat, pero se declaró que solo entraba a gobernar un año como Galel Qamahay, porque el señor Atzih Vinak Baqahol no deseaba la llegada al gobierno de Belehé Qat. Lo que deseaba el señor Atzih Vinak Bagahol era que entrara al gobierno nuestro padre el Ahpop Achí Tzián.

Así fue su entrada al gobierno.

Lo que pasó durante el 26.º año:

137. Veinte días después de la elección de los reyes estalló una revolución contra el Ahtziquinahay, la cual tuvo lugar el día 10 Queh [2 de septiembre de 1521]. Los jefes, el Ahtziquinahay y Qitzihay llegaron a Yximchée buscando auxilio; llegaron para reclutar soldados.

138. Doce días después, el día 11 Ymox [16 de septiembre de 1521], los zotziles y tukuchées mataron a las tribus zutujiles; murieron los de Tziquinahay. Hicieron muchísimos prisioneros. Y por esta razón los zutujiles, temiendo la muerte, entregaron sus joyas y dinero y la ciudad de Xepoyom

---

230 4 Ymox y 9 Qat, días del calendario.

fue capturada. Enseguida regresaron a sus hogares los reyes Tepepul Ahtziquinahay y Qitzihay.

139. Por aquel tiempo huyeron todos los de Xecaká Ah ah y fueron a refugiarse entre los cakchiqueles. Llegaron entonces a la ciudad numerosos zutujiles que querían hacer la guerra contra los de Tziquinahá y de Pavacal, pues deseaban unirse entre sí porque los soldados habían sido insultados por los de Pavácal.

140. El día 9 Batz [5 de noviembre de 1521] hubo una matanza en Lakanabah y en Chitulul; no quedó ninguno de los señores principales. Solo los hombres de Belehé Qat y Cahí Ymox tomaron parte en esto.

El día 11 Ah [7 de noviembre de 1521] se cumplieron veintiséis años desde la revolución.

141. Ha pasado un año desde que murieron nuestros padres y abuelos a consecuencia de la peste.

142. Durante este año nos casamos con vuestra madre ¡oh hijos míos!, un año después de haber muerto vuestros abuelos; el día 12 Toh [22 de mayo de 1522] tomamos esposa.

El día 8 Ah [12 de diciembre de 1522] se cumplió el 27.º año de la revolución.

143. Durante este año cesó la guerra con el Quiché; en su undécimo año cesó la guerra del Quiché.

El día 5 Ah [16 de enero de 1524] se cumplieron veintiocho años.

Segunda parte

Llegada de los castellanos a Xetulul:231

144. Durante este año llegaron los castellanos. Hace cuarenta y nueve años que llegaron los castellanos a Xepit y Xetulul.[232]

El día 1 Ganel [20 de febrero de 1524] fueron destruidos los quichés por los castellanos. Su jefe, el llamado Tunatiuh Avilantaron[233] conquistó todos los pueblos. Hasta entonces no eran conocidas sus caras. Hasta hacía poco se rendía culto a la madera y la piedra.[234]

145. Habiendo llegado a Xelahub,[235] derrotaron allí a los quichés; fueron exterminados todos los quichés que habían

231 Culibal Castilán vinak. Los indios adoptaron la palabra castilán, variante de castellano, para designar a los españoles.
232 Xepit, «bajo el árbol de guanacaste» (Enterólobium cyclocarpum), pich en maya. Xetulul, «bajo los zapotes», árbol y fruta del trópico. Los mexicanos tradujeron a su lengua el nombre de este lugar y lo llamaron Zapotitlán. Es la región de la costa del Pacífico, en el actual Departamento de Suchitepéquez, «cerro de flores». Los españoles llegaron a Xetulul en febrero de 1524. Dice el autor del ms. cakchiquel que cuando escribía esta parte hacía cuarenta y nueve años que habían llegado los castellanos. Por consiguiente, debe haberla escrito en el año 1573, si se trata de años cristianos, o en octubre de 1577, si son años cakchiqueles.
233 El Adelantado don Pedro de Alvarado, conquistador de Guatemala, Teniente de Cortés en la conquista de México y enviado por él en diciembre de 1523 a someter los reinos indígenas del sur. Bajo un rostro agraciado y sonriente ocultaba un alma cruel. Por su gallarda apostura y rubios cabellos los mexicanos le apellidaron Tonatiuh, el Sol.
234 Es decir, a los ídolos.
235 El nombre quiché de esta ciudad era Xelahub, que significa debajo de diez, lo que interpretan algunos autores diciendo que estaba gobernada por diez jefes. Los mexicanos cambiaron ese nombre por Quetzaltenango, o lugar de quetzalli, las plumas verdes y largas del

salido al encuentro de los castellanos. Entonces fueron destruidos los quichés frente a Xelahub.

146. Luego salieron [los españoles] para la ciudad de Gumarcaah, donde fueron recibidos por los reyes, el Ahpop y el Ahpop Qamahay, y los quichés les pagaron el tributo. Pronto fueron sometidos los reyes a tormento por Tunatiuh.

147. El día 4 Qat [7 de marzo de 1524] los reyes Ahpop y Ahpop Qamahay fueron quemados por Tunatiuh.[236] No tenía compasión por la gente el corazón de Tunatiuh durante la guerra.[237]

Enseguida llegó un mensajero de Tunatiuh ante los reyes [cakchiqueles] para que le enviaran soldados: «Que vengan los guerreros del Ahpozotzil y el Ahpoxahil a matar a los quichés», dijo a los reyes el mensajero. La orden de Tinatiuh fue obedecida al instante y dos mil soldados marcharon a la

---

quetzal (Pharomacrus moccino, De la Llave) con que se adornaban los jefes quichés que perecieron luchando con los españoles.

236 Chi cahi Qat ka x-e porox ahahua Ahpop, Ahpop Qamahay ruma Tunatiuh. Estas lacónicas palabras, que el ms. indígena emplea para referir el sacrificio de los reyes quichés, están de acuerdo con el relato de Alvarado en su primera *Relación* a Cortés, en la que dice: «Y viendo que con correrles la tierra y quemárselas yo los podía atraer al servicio de S. M. determiné de quemar a los señores, los cuales dijeron al tiempo que los quería quemar, como parecerá por sus confesiones, que ellos eran los que habían mandado hacer la guerra y los que la hacían... Y como cognoscí de ellos tan mala voluntad al servicio de S. Majestad y para el bien y sociego desta tierra, yo los quemé y mandé quemar la cibdad y poner por los cimientos.» La versión de este hecho que se lee en el capítulo final del *Popol Vuh* es diferente. Allí se dice que los reyes Oxib-Quieh y Beleheb-Tzi fueron ahorcados por los castellanos: x-e hitzaxic rumal Castilán vinac. La relación de Alvarado y la tradición cakchiquel prestan mayor fuerza a la primera versión de la tragedia.

237 Maqui iqo vinak ru qux Tunatiuh chi labal. «Los estragos ordinarios de la guerra no eran suficientes a saciar su cólera», se lee en la versión de Gavarrete.

matanza de los quichés.[238] Unicamente partieron los hombres de la ciudad; los demás guerreros no bajaron a presentarse ante los reyes. Solo tres veces fueron los soldados a recoger el tributo de los quichés. Nosotros también fuimos a recibirlo para Tunatiuh ¡oh hijos míos!

Cómo vinieron a Yximchée:

148. El día 1 Hunahpú [12 de abril de 1524] llegaron los castellanos a la ciudad de Yximchée; su jefe se llamaba Tunatiuh. Los reyes Belehé Qat y Cahí Ymox salieron al punto a encontrar a Tunatiuh. El corazón de Tunatiuh estaba bien dispuesto para con los reyes cuando llegó a la ciudad. No había habido lucha y Tunatiuh estaba contento cuando llegó a Yximchée. De esta manera llegaron antaño los castellanos ¡oh hijos míos! En verdad infundían miedo cuando llegaron. Sus caras eran extrañas. Los señores los tomaron por dioses. Nosotros mismos, vuestro padre, fuimos a verlos cuando entraron a Yximchée.

Tunatiuh durmió en la casa de Tzupam. Al siguiente día apareció el jefe, causando terror a los guerreros, y se dirigió a la residencia donde se encontraban los reyes. «¿Por qué me hacéis la guerra a mí cuando yo os la puedo hacer a vosotros?», dijo. Y los reyes contestaron: «No hay tal, porqué de esa manera morirían muchos hombres. Allí has visto cómo están sus despojos en los barrancos.» Y enseguida entró a la casa del señor Chicbal.

149. Luego preguntó Tunatiuha los reyes qué enemigos tenían. Los reyes contestaron: «Dos son nuestros enemigos ¡oh

238 Vomuch achihá, o sea vo, 5, omuch, 400; 5 X 400, 2.000 soldados. Dos mil hombres, dicen Bernal Díaz, Vázquez y Ximénez. «Me embió quatro mil hombres», dice Alvarado en su primera *Relación* a Cortés.

Dios! los zutujiles y [los de] Panatacat.[239] Así les dijeron los reyes. Apenas cinco días después salió Tunatiuh de la ciudad. Los zutujiles fueron conquistados enseguida por los castellanos. El día 7 Camey [18 de abril de 1524] fueron destruidos los zutujiles por Tunatiuh.

150. Veinticinco días después de haber llegado a la ciudad [Yximchée] partió Tunatiuh para Cuzcatán, destruyendo de paso a Atacat.[240] El día 2 Queh [9 de mayo] los castellanos

239 El zutujil o atziquinahay era el pueblo establecido en las márgenes meridionales del Lago de Atitlán. Vanatacat era el pueblo que los mexicanos llamaron Izquintepec, hoy Escuintla, en la costa del Pacífico de Guatemala.

240 El capitán español pudo haber tomado un camino más directo para ir a la conquista de Cuzcatán (en lengua mexicana, lugar de piedras preciosas, hoy República de El Salvador); pero de acuerdo con los reyes cakchiqueles, decidió pasar conquistando a Atacat, o sea el pueblo que Alvarado llama en su segunda *Relación Yscuintepeque* hoy Escuintla, en la costa del Pacífico. Por el hecho de mencionarse juntos en este párrafo los nombres de Cuzcatán y Atacat, y por una mala división de las palabras del original, que carece de puntuación, Brasseur de Bourbourg tradujo con inexactitud este párrafo del manuscrito cakchiquel, diciendo que los españoles habían dado muerte a un cacique de Cuzcatlán a quien discurrió llamar Atlacatl, variante del nombre que el documento indígena usa en tres lugares diferentes para designar el pueblo de Escuintla. En su Histoire des Nations Civilisées du Mexique et de Amérique Centrale, Brasseur repitió la noticia de que Alvarado mató al cacique Atlacatl ainsi que tous les seigneurs de sa cour, expresión que con justicia critica Bancroft (Central America, I), ya que, en realidad, los jefes y el pueblo de Cuzcatlán se habían escapado a las montañas, y Alvarado tuvo que contentarse con procesarlos y condenarlos en rebeldía. Alvarado dice con toda claridad en su *Relación* que ni el rey de Cuzcatlán ni sus súbditos pudieron ser habidos porque no quedó hombre de ellos en el pueblo, pues todos «se fueron a las sierras». Y agrega que despachó mensajeros a llamar a los señores. Y como éstos no quisieron volver dice «yo hice proceso contra ellos y contra los otros que me habían dado la guerra y los llamé por pregones y tampoco quisieron venir; e como vi su rebeldía y el proceso cerrado, los sentencié y di por trai-

mataron a los de Atacat. Todos los guerreros y sus mexicanos fueron con Tunatiuh a la conquista.

151. El día 10 Hunahpú [21 de julio de 1524] llegó [a Yximchée] de regreso de Cuzcatán;[241] hacía dos meses que había salido para Cuzcatán cuando llegó a la ciudad. Tunatiuh pidió entonces a una de las hijas del rey y los señores se la dieron a Tunatiuh.

Demanda de dinero:

152. Luego Tunatiuh les pidió dinero a los reyes. Quería que le dieran montones de metal, sus vasijas y coronas. Y como no se las trajesen inmediatamente, Tunatiuh se enojó con los reyes y les dijo: «¿Por qué no me habéis traído el metal? Si no traéis con vosotros todo el dinero de las tribus, os quemaré y os ahorcaré», les dijo a los señores.

153. Enseguida los sentenció Tunatiuh a pagar mil doscientos pesos de oro. Los reyes trataron de obtener una rebaja y se echaron a llorar, pero Tunatiuh no consintió y les dijo: «Conseguid el metal y traedlo dentro de cinco días.[242]

dores y a pena de muerte a los señores destas provincias». Brasseur de Bourbourg rectificó más tarde el nombre que había dado al rey de Cuzcatlán, diciendo que aquel príncipe se llamaba Atonal («Sol de agua»), y que había perecido en el combate junto con la flor de sus guerreros, noticias ambas desprovistas de fundamento.

241 Cuatro días después, el 25 de julio de 1524, día de Santiago, 1 Qat del calendario cakchiquel, fundó Alvarado en Yximchée la ciudad de Santiago de los Caballeros de Guatemala, pero ésta no se edificó allí, sino en Bulbuxyá, en 1527, como se verá más adelante. La fundación en Yximchée no pasó de ser una fórmula que no dejó el menor recuerdo en la crónica cakchiquel. En realidad, los acontecimientos no permitieron que los españoles llevaran adelante la construcción de su capital en el asiento de la antigua corte de los indios.

242 Nuestra traducción de este pasaje difiere radicalmente de las de nuestros predecesores. El manuscrito original dice: Tok x-u qat ka Tu-

115

¡Ay de vosotros si no lo traéis! ¡Yo conozco mi corazón!» Así les dijo a los señores.

154. Habían entregado ya la mitad del dinero a Tunatiuh cuando se presentó un hombre, agente del demonio,[243] quien dijo a los reyes: «Yo soy el rayo. Yo mataré a los castellanos; por el fuego perecerán. Cuando yo toque el tambor salgan [todos] de la ciudad, que se vayan los señores al otro lado del río. Esto haré el día 7 Ahmak [26 de agosto de 1524]». Así habló aquel demonio a los señores. Y, efectivamente, los señores creyeron que debían acatar las órdenes de aquel hombre. Ya se había entregado la mitad del dinero cuando nos escapamos.

Entonces nos fugamos de la ciudad:
155. El día 7 Ahmak pusimos en ejecución nuestra fuga. Entonces abandonamos la ciudad de Yximchée, a causa del hombre demonio. Después salieron los reyes. «Ciertamente morirá al punto Tunatiuh», dijeron. «Ya no hay guerra en el

natiuh oxo ko peso chi gana puvak. Los traductores han leído hasta ahora que Alvarado había arrancado a los reyes tres ornamentos o anillos de la nariz o de las orejas, pero qat no significa aquí arrancar, sino sentenciar. Tampoco se menciona parte alguna de la cara. El original dice claramente que la sentencia del conquistador fue por 1.200 pesos de oro, gana puvak, metal amarillo. Oxo es 3, y ko el numeral 400; 3 veces 400 son 1.200. El texto habla también de la súplica doliente de los reyes para que Alvarado rebajara la multa, y de la negativa y amenazas del conquistador. La rectificación que aquí hacemos de uno de los cargos de crueldad que se han hecho a Alvarado es importante, porque desde la primera traducción errónea de este pasaje la conducta del capitán español con respecto a los reyes cakchiqueles se ha venido citando en todas las historias como una de las muestras más características de su genio violento y sanguinario.
243 Hun achí qaxtok.

corazón de Tunatiuh, ahora está contento con el metal que se le ha dado.»

Así fue como, a causa del hombre demonio, abandonamos entonces nuestra ciudad el día 7 Ahmak, ¡oh hijos míos!

156. Pero Tunatiuh supo lo que habían hecho los reyes. Diez días después que nos fugamos de la ciudad, Tunatiuh comenzó a hacernos la guerra. El día 4 Camey [5 de septiembre de 1524] comenzaron a hacernos sufrir. Nosotros nos dispersamos bajo los árboles, bajo los bejucos ¡oh hijos míos! Todas nuestras tribus entraron en lucha con Tunatiuh. Los castellanos comenzaron enseguida a marcharse, salieron de la ciudad, dejándola desierta. Enseguida comenzaron los cakchiqueles a hostilizar a los castellanos. Abrieron pozos y hoyos para los caballos y sembraron estacas agudas para que se mataran.[244] Al mismo tiempo la gente les hacía la guerra. Muchos castellanos perecieron y los caballos murieron en las trampas para caballos. Murieron también los quichés y los zutujiles; de esta manera fueron destruidos todos los pueblos por los cakchiqueles.[245] Solo así los dejaron respirar los castellanos, y así también les concedieron [a éstos] una tregua todas las tribus.

244 «Hicieron muchos hoyos e minas con estacas cubiertas con tierra e yerva donde cayeron e murieron muchos cavallos y españoles.» Provanza de los descargos de don Pedro de Alvarado, en *Proceso de residencia contra Pedro de Alvarado* (1529). México, 1847.

245 Alvarado obligó a los zutujiles a pelear contra los cakchiqueles. En la *Relación del pueblo y cabecera de Atitlán* se lee que «don Pedro de Alvarado sacó del pueblo cantidad de gente, a veces seiscientos indios soldados, para dar guerra a los indios del pueblo y cabecera de Tecpán-Quauhtemallan a otras provincias que estaban rebeldes». En la misma forma ha de haber exigido el capitán español la ayuda de algunos pueblos del Quiché contra sus antiguos enemigos los cakchiqueles.

El noveno mes después de nuestra huida de Yximchée se cumplieron veintinueve años.

El día 2 Ah [19 de febrero de 1525] se cumplió el 29.º año después de la revolución.

157. Durante el décimo año [del 2.º ciclo] continuó la guerra con los castellanos. Los castellanos se habían trasladado a Xepau.[246] Desde allí, durante el décimo año, nos dieron la guerra y mataron a los hombres valientes.

158. Luego salió Tunatiuh de Xepau y comenzó a hostilizarnos porque la gente no se humillaba ante él. Habían transcurrido seis meses del segundo año de nuestra huida de la ciudad, [o sea de] cuando la abandonamos y nos fuimos, cuando llegó a ella de paso Tunatiuh y la quemó. El día 4 Camey [7 de febrero de 1526] incendió la ciudad; a los seis

246 Los historiadores de la Conquista no han podido descubrir cuál era el lugar de Xepau que menciona el manuscrito cakchiquel como el cuartel general desde donde los castellanos dirigían la guerra contra los pueblos indígenas del interior de Guatemala, sublevados desde 1524. Este lugar se encontraba en el occidente del país, puesto que tenía comunicación fácil con México y a él llegaron 200 soldados españoles que Cortés envió a Alvarado para ayudarlo a la pacificación de la tierra. Bernal Díaz del Castillo resuelve el enigma de Xepau en el capítulo CXCIII de su *Verdadera Historia* cuando relata el regreso de las tropas que acompañaron a Cortés a Honduras y dice que no habiendo aceptado la invitación que Alvarado hizo a los de Guatemala y a otros pueblos de la comarca para que llegaran a Yximchée a tratar con él acerca de la paz, los castellanos se fueron sin parar «hasta donde Pedro de Alvarado había dejado poblado su ejército, porque estaba la tierra de guerra, y estaba en él por capitán un su hermano que se decía Gonzalo de Alvarado; llamábase aquella poblazón donde los hallamos Olintepeque». Por consiguiente, Olintepeque era el Yepau de los cakchiqueles. Ese pueblo, que aún se conoce por el nombre mexicano, se encuentra 4 kilómetros al norte de Quetzaltenango, al pie de una montaña donde probablemente se fortificaron los españoles contra posibles ataques de los indios.

meses del segundo año de la guerra lo ejecutó y se marchó de regreso.

El día 12 Ah [26 de marzo de 1526] se cumplió el 30 año de la revolución.

159. Durante el transcurso de este año tuvo algún descanso nuestro corazón. Igualmente lo tuvieron los reyes Cahí Ymox y Belehé Qat. No nos sometimos a los castellanos y estuvimos viviendo en Holom Balam ¡oh hijos míos![247]

160. Un año y un mes habían pasado desde que Tunatiuh arrasó [la ciudad], cuando llegaron los castellanos a Chi) Xot.[248] El día 1 Caok [27 de marzo de 1527] comenzó nuestra matanza por parte de los castellanos. Fueron combatidos por la gente y siguieron haciendo una guerra prolongada. La muerte nos hirió nuevamente, pero ninguno de los pueblos pagó el tributo. Poco faltaba para que se cumplieran treinta y un años desde la revolución cuando llegaron a Chij Xot.

El día 9 Ah [30 de abril de 1527] se cumplieron treinta y un años de la revolución.

161. Durante este año, mientras estábamos ocupados en la guerra con los castellanos, abandonaron éstos a Chij Xot y se fueron a vivir a Bulbuxyá.[249]

247 Holom Balam, «cabeza de tigre», monte elevado cerca de Yximchée.
248 Chij-Xot. «En los comales.» «Montes delante de Comalapa», dice una nota marginal de letra diferente escrita en el documento indígena. Debe ser el mismo lugar llamado antiguamente Ru yaal xot, «el río de los comales», nombre que los mexicanos tradujeron a su lengua transformado en Comalapan. Este lugar se encuentra en las cercanías del pueblo que edificaron los españoles y llamaron San Juan Comalapa, comprendido hoy en el Departamento de Chimaltenango. En esta expedición los castellanos iban capitaneados por don Pedro de Portocarrero.
249 Los españoles, que no habían permanecido en un lugar fijo hasta entonces, a causa de la guerra con los indios, se encontraban en el mes de octubre de 1527 en los llanos de Chimaltenango cuando decidieron fundar la capital definitiva de la Colonia. Al efecto escogieron el

Durante el año continuó la guerra. Y ninguno de los pueblos pagó el tributo.

La introducción del tributo:
162. Quince meses después de haber aparecido [los castellanos] en Chij Xot se introdujo el tributo a favor del Capitán [Alvarado] por Chintá Queh. Aquí en Tzololá, el día 6 Tzíi [12 de enero de 1528], fue introducido el tributo.

Entonces nació mi hijo Diego. Nos hallábamos en Bocó [Chimaltenango] cuando naciste el día 6 Tzíi ¡oh hijo mío![250] Entonces se comenzó a pagar el tributo. Hondas penas pasamos para librarnos de la guerra. Dos veces estuvimos en gran peligro de muerte.

El día 6 Ah [3 de junio de 1528] se cumplieron treinta y dos años desde la revolución.

valle de Bulbuxya (manantial o agua que brota), que los mexicanos llamaron Atmulunca, o Almolonga (de móloní, manar la fuente). El sitio escogido estaba al pie del Volcán de Agua. Jorge de Alvarado, en ausencia de su hermano don Pedro, fundó la ciudad en Bulbuxyá, el 22 de noviembre de 1527, día de Santa Cecilia.

250 Haok x-alax nu qahol Diego. Pa Bocó tan oh qo vi ok x-at alax chi vakaki Tzii, at nu qahol. Los traductores leyeron que había nacido un hijo llamado Diego Pablo Cotanoj, refundiendo en ese nombre las palabras Diego y Pa Bocó, lugar geográfico muy conocido, y la mitad de la frase tan oh qo vi, «nos hallábamos en ese tiempo». Este hijo del autor llegó a ser hombre importante a quien el ms. menciona varias veces con el nombre de Diego Hernández Xahil. Bocó, mencionado repetidas veces en el mismo documento, es el actual Chimaltenango, «lugar de escudos» en lengua náhuatl, traducción del cakchiquel Bocó o Pokob. «El pueblo de Chimaltenango que los indios llaman Bocó», dice Fuentes y Guzmán (lib. XV, cap. I, Primera Parte). Y Ximénez (1929, I, 77) refiere que los Sacatepéquez «tenían su frontera [con los de Yximchée] donde hoy es Chimaltenango, y por eso se llama aquel pueblo Bocó, que es lo mismo que Pokob».

163. A los ocho meses del segundo año desde la introducción del tributo, murió el jefe Ahtún Cuc Tihax. Murió el día 6 Akbal [28 de junio de 1529]. El Ahpozotzil y el Ahpoxahil no se habían presentado todavía.

El día 3 Ah [8 de julio de 1529] se cumplieron treinta y tres años.

164. Durante el curso de este año se presentaron los reyes Ahpozotzil y Ahpoxahil ante Tunatiuh. Cinco años y cuatro meses estuvieron los reyes bajo los árboles, bajo los bejucos. No se fueron los reyes por su gusto; dispuestos estaban a sufrir la muerte por parte de Tunatiuh. Pero sus noticias llegaron hasta Tunatiuh. Y así, el día 7 Ahmak [7 de mayo de 1530] salieron los reyes y se dirigieron a Paruyaal Chay.[251] Numerosos señores se les unieron. Los nietos de los jefes, los hijos de los jefes, gran número de gente, fueron a acompañar a los reyes. El día 8 Noh [8 de mayo] llegaron a Panchoy.[252] Tunatiuh se llenó de alegría ante los jefes cuando volvió a verles las caras.

El día 13 Ah [12 de agosto de 1530] se cumplieron treinta y cuatro años desde la revolución.

165. Durante este año se impusieron terribles tributos. Se tributó oro a Tinatiuh; se le tributaron cuatrocientos hombres y cuatrocientas mujeres para ir a lavar oro. Toda la gente extraía el oro. Se tributaban cuatrocientos hombres y cuatrocientas mujeres para trabajar en Pangan[253] por orden

251 «El río de los chayes (obsidiana)», Iztapan en náhuatl. Este es el nombre actual de un pueblo inmediato a Chimaltenango, San Andrés Izapa.
252 Panchoy, «en 4a laguna», nombre antiguo del* valle donde los españoles edificaron la segunda ciudad de Guatemala, capital del reino, hoy llamada la Antigua. Don Pedro de Alvarado había regresado a Guatemala después de su primer viaje a España a principios de abril.
253 Pangan, «en lo amarillo», otro nombre que daban los indios a la ciudad de Guatemala.

de Tunatiuh en la construcción de la ciudad del señor. Todo esto, todo, lo vimos nosotros ¡oh hijos míos!

El día 10 Ah [16 de septiembre de 1531] se cumplieron treinta y cinco años desde la revolución.

166. Durante los dos meses del tercer año transcurrido desde que se presentaron los señores, murió el rey Belehé Qat; murió el día 7 Queh [24 de septiembre de 1532] cuando estaba ocupado en lavar oro. Después de la muerte del rey vino aquí inmediatamente Tunatiuh a poner al sucesor del rey. Enseguida fue instalado el señor don Jorge en el gobierno por la sola orden de Tunatiuh. No hubo elección de la comunidad para nombrarlo. Enseguida les habló Tunatiuh a los señores y sus órdenes fueron obedecidas por los jefes, porque en verdad le temían a Tunatiuh.

El día 7 Ah [20 d octubre de 1532] se cumplió el 36.° año después de la revolución.

167. Diecisiete meses después de la muerte de Belehé Qat los señores tuvieron que reconocer como rey a don Jorge, el padre de don Juan Xuárez.

El día 4 Ah [24 de noviembre de 1533] se cumplió el 37.° año de la revolución.

168. Durante este año se retiró el rey Cahí Ymox, Ahpozotzil, y se fue a vivir a la ciudad. Le vino al rey el deseo de separarse porque se impuso a los señores el tributo lo mismo que a todo el mundo y, en consecuencia, tenía que pagarlo el rey.

El día 1 Ah [29 de diciembre de 1534] terminó el 38.° año desde la revolución.

169. Durante el transcurso de este año partió Tunatiuh para Castilla haciendo nuevas conquistas en el camino. En-

tonces destruyó a los de Tzutzumpan y los de Choloma.[254] Muchos pueblos fue a destruir y a conquistar Tunatiuh.

Una cosa notable ocurrió cuando él estaba en Tzutzumpan. Yo oí retumbar a Hunahpú.[255] No había venido el señor Mantunalo cuando se fue Tunatiuh para Castilla: rápidamente salió para Tzutzumpan.[256]

El día 11 [2 de febrero de 1536] se cumplió el 39.º año después de la revolución.

170. Durante el año, el día 11 Noh [16 de mayo de 1536] llegó el señor presidente Mantunalo,[257] quien vino a aliviar los sufrimientos del pueblo. Pronto cesó el lavado de oro,[258] se suspendió el tributo de muchachas y muchachos. Pronto también cesaron las muertes por el fuego y en la horca, y cesaron los despojos en los caminos por parte de los castellanos. Pronto volvieron a verse transitados los caminos por

254 Pueblos antiguos de la jurisdicción de San Pedro Sula en el occidente de Honduras. Alvarado ambicionaba anexionar a su gobernación la provincia de Honduras, y en esa ocasión fundó ciudades y repartió tierras antes de embarcarse para España.

255 El Volcán de Agua.

256 El licenciado don Alonso de Maldonado llegó a Guatemala, por orden de la Audiencia de México, el año 1536 para residenciar a Alvarado. Este, que no tenía muy limpia la conciencia, no esperó la llegada del juez de residencia y se marchó a Honduras y de allí a España.

257 El licenciado Maldonado se presentó ante el Ayuntamiento de Guatemala el 10 de mayo de 1536. El título de presidente no lo tuvo hasta el año 1542, cuando fue designado para presidir la primera Audiencia que se estableció en Centroamérica y se llamó de los Confines, por haberse dispuesto originalmente que se instalara en un lugar cercano a la frontera entre Honduras y Nicaragua.

258 Canih x-tane chololah puvak. Esta frase ha sido interpretada generalmente en el sentido que aquí se indica, suponiendo que haya error en la copia del ms. original y que, en lugar de la palabra chololah, se haya escrito primitivamente una forma de verbo chah, chahol, que significa lavar.

la gente como lo eran antes de que comenzara el tributo,[259] cuando llegó el señor Maldonado ¡oh hijos míos!

El día 8 Ah [8 de marzo de 1537] se cumplió el 40.° año después de la revolución.

El día 5 Ah [12 de abril de 1538] se cumplió el 41.° año después de la revolución.

171. Antes de que terminara el segundo año del tercer ciclo [antes del año 42 después de la revolución], fueron a recibir al señor Tunatiuh a Porto Cavayo,[260] cuando desembarcó Tunatiuh después de haber ido a Castilla. Uno de los señores fue a recibirlo.[261] Nosotros también fuimos allá ¡oh hijos míos! Entonces hirieron al Ahtzib Caok[262] por cosas de su parcialidad. El día 11 Ahmak [30 de abril de 1539] hirieron al Ahtzib.

259 X vah xa kabir ok ti tiquer patanihic, omitido en las traducciones anteriores.

260 Puerto Caballos, posteriormente llamado Puerto Cortés, a donde, durante los primeros años de la Colonia, llegaban los barcos con pasajeros y carga para Guatemala y Honduras. Alvarado desembarcó en Puerto Caballos el 4 de abril de 1539 y permaneció en Honduras cinco meses atendiendo a la descarga de su equipaje y el de su séquito, arreglando con el Adelantado Montejo el traspaso de sus derechos a la gobernación y construyendo un camino para seguir a Guatemala.

261 Ha hun ahauh x-he qulún. En las primeras traducciones se lee en este lugar que Alvarado volvió de España con el cargo de Comendador o jefe único, y esta noticia se ha seguido repitiendo. La frase del texto es suficientemente clara y el sentido que le damos se confirma con la mención que se hace en el mismo párrafo de la agresión de que fue víctima el jefe cakchiquel, el Ahtzib Coak. Alvarado ya era Comendador de la Orden de Santiago cuando volvió de su primer viaje a España en 1527.

262 Haok x-chay Ahtzib Caok. Todos los traductores han interpretado estas palabras diciendo que Alvarado mató con su espada al Ahtzib Caok. El texto no dice quién hirió al jefe indígena, y el verbo chay significa herir, golpear, maltratar y no precisamente matar; aunque en este caso da lo mismo, porque, según se dice en el párrafo siguiente, el príncipe cakchiquel murió a consecuencia de sus heridas.

El día 2 Ah [17 de mayo de 1539] se cumplió el 42.º año de la revolución.

172. Seis meses después de la muerte de Ahtzib llegó Tunatiuh a Panchoy,[263] y enseguida partió el señor Mantunalo. Cuando éste se fue, le sucedió Tunatiuh.[264]

Trece meses después de la llegada de Tunatiuh fue ahorcado el rey Ahpozotzil Cahí Ymox. El día 13 Ganel [26 de mayo de 1540] fue ahorcado por Tunatiuh en unión de Quiyavit Caok.[265]

263 La ciudad de Guatemala, a donde llegó el 15 de septiembre de 1539, o sea seis meses (cakchiqueles) y deiciséis días después de la muerte de Ahtzib.

264 Ok x-ul xa x-e halo qui ruqin Tunatiuh. Literalmente, «se cambiaron con Tunatiuh».

265 Se ha calculado mal hasta ahora la fecha de la muerte del rey Cahí Ymox. El Profesor Raynaud, que por lo general ha dado con alguna exactitud la concordancia de las fechas indígenas y europeas, dice que el día 13 Ganel cayó el 13 de septiembre de 1539; pero Alvarado no llegó a la ciudad de Guatemala hasta el 15 de septiembre de aquel año, y el texto dice que el Ahpozotzil fue ahorcado trece meses después, lo cual nos lleva al año 1540. Efectivamente, contando trece meses de veinte días desde el 15 de septiembre de 1539, se llega al 1.º de junio de 1540, fecha solo 6 días posterior al 26 de mayo, que corresponde a otro día 13 Ganel del calendario indígena.

Estos datos están de acuerdo también con los documentos españoles. Se sabe, en efecto, que el Cabildo de Guatemala, en sesión del 19 de mayo de 1540, representó a Alvarado el peligro que había en que el rey cakchiquel y el rey quiché, que se hallaban presos desde hacía tiempo, continuaran en la misma situación «porque estos indios siempre han sido rebeldes y de su estada en la tierra se teme que se levantarán y harán algún alzamiento con que la tierra se pierda, y por ende piden a S.S. que o los lleve en su armada, o, si han hecho por qué, haga justicia de ellos». Alvarado se reservó la resolución del punto por el momento, pero siete días después ahorcó al rey cakchiquel, y, aunque ello no consta, seguramente hizo lo mismo con el rey quiché, Tepepul.

El día 12 Ah [20 de junio de 1540] se cumplió el 43.° año de la revolución.

173. Catorce meses después de haber sido ahorcado el rey Ahpozotzil, ahorcaron a Chuuy Tziquinú, jefe de la ciudad,[266] porque estaban enfadados.[267] El día 4 Can [27 de febrero de 1541] lo ahorcaron en Paxayá. Lo condujeron por el camino y lo ahorcaron secretamente.

Diecisiete días después de haber sido ahorcado el señor,[268] de haber ahorcado a Chuuy Tziquinú, el día 8 Iq [16 de marzo de 1541] fue ahorcado el señor Chicbal junto con Nimabah Quehchún, pero esto no lo hizo Tunatiuh, que entonces ya se había marchado para Xuchipillan. El teniente de Tunatiuh los ahorcó. Don Francisco hizo la ejecución.[269]

266 Ahauh Vatinamit, o sea señor de Yximchée.

267 Xax cak vachix.

268 Del día 4 Can al 8 Iq hay exactamente 17 días. En las traducciones anteriores se lee que «otros diecisiete jefes fueron ahorcados al mismo tiempo que Chuuy Tziquín», lo que es inexacto. El texto habla de 17 días, no de 17 jefes: Xaqá ru vuklah x-e hitzax chic ahauá, ri x-e hitzon Chuuy Tziquinú, chi vahxaki Iq x-e hitzar ahauh Chicbal ruqin Nimabah Quehchún.

269 Este párrafo ha sido interpretado también con inexactitud, diciendo que don Francisco de la Cueva, a quien Alvarado dejó al frente de la gobernación de Guatemala en 1540, al partir en busca de las Islas de la Especiería, fue nombrado «teniente suyo para ahorcar». Esa expresión, que ha venido repitiéndose por traductores e historiadores, procede de un error de traducción. La versión que aquí damos es literal, como puede verse por el texto que transcribimos: Tan mani chic ahauh Tunatiuh. Aok x-be Xuchipillan, xa ru chahal Tunatiuh x-e hitzán. Ha don Fran x-banó. Alvarado murió el 4 de julio de 1541, en el pueblo de Atenquillo, en la provincia de Nueva Galicia, México, después de pelear con los indios sublevados que ocupaban los peñones de Mixtón, Nochistlán, Tlaltenango, Xuchipila y Xalpa.

Cinco meses después de haber sido ahorcado el señor Chicbal llegó la noticia de que Tunatiuh había ido a morir a Xuchipillan.[270]

El día 9 Ah [25 de julio de 1541] se cumplió el 44.º año de la revolución.

174. Durante el año hubo un gran derrumbe,[271] en el cual murieron los castellanos en Panchoy. El día 2 Tihax [10 de septiembre de 1541] se derrumbó el Volcán Hunahpú;[272] el agua brotó del interior del volcán, murieron y perecieron los castellanos y pereció la mujer de Tunatiuh.[273]

Entonces comenzó nuestra instrucción:

175. Durante el octavo mes después que tuvo lugar el derrumbe, llegaron aquí a nuestra iglesia nuestros padres de Santo Domingo, fray Pedro Angulo y fray Juan de Torres. Llegaron de México el día 12 Batz [10 de febrero de 1542]. Nuestra instrucción comenzó por medio de los padres de

270 Ga vo vinak, cinco meses cakchiqueles de veinte días, es un tiempo muy corto para que pudiera llegar a Guatemala la noticia de la muerte de Alvarado, dados los medios de comunicación que existían entonces. Ocho meses habría sido un tiempo más aproximado, pues la noticia se recibió a fines de agosto.

271 Ulalah, de ul, «derrumbe».

272 Volcán de Agua.

273 Fijada la concordancia del día 2 Tihax con el 10 de septiembre de 1541, se agregan de aquí en adelante 2 días a las fechas del calendario español. Doña Beatriz de la Cueva, segunda esposa de Alvarado, pereció en la trágica noche del 10 de septiembre de 1541, cuando un terremoto, acompañado de un espantoso torrente que se precipitó del Volcán de Agua después de un fuerte temporal de lluvias, destruyó el palacio del Gobernador de Guatemala en que se hallaba aquella dama y arruinó la primera capital de la Colonia.

Santo Domingo. Luego salió la Doctrina en nuestra lengua.[274] Nuestros padres, fray Pedro y fray Juan, fueron los primeros que nos predicaron la palabra de Dios. Hasta entonces no conocíamos la palabra ni los mandamientos de Dios; habíamos vivido en las tinieblas. Nadie nos había predicado la palabra de Dios.

Estuvieron también los padres de San Francisco, padre Alamicer, el padre clérigo y los padres de Santo Domingo,[275] que nos predicaron. Ellos trasladaron la doctrina a nuestra lengua y así fuimos pronto instruidos por ellos.

El día 6 Ah [31 de agosto de 1542] se cumplió el 45.º año de la revolución.

El día 3 Ah [5 de octubre de 1543] se cumplió el 46.º año de la revolución.

El día 13 Ah [8 de noviembre de 1544] se cumplió el 47.º año de la revolución.

En el curso de este año hubo una diferencia entre los padres de Santo Domingo y los padres de San Francisco, quienes se marcharon con motivo de la ceniza. Nuestros padres

274 Fray Juan de Torres colaboró en la formación de la Doctrina Cristiana en lengua guatemalteca ordenada por el Reverendísimo señor don Francisco Marroquín, primer Obispo de Guatemala, etc., impresa en México en 1556. Esta Doctrina, escrita en español y en cakchiquel, puede haber sido la que fray Juan enseñó a los indios.

275 El padre Lázaro Lamadrid, en la 2.ª edición de la *Crónica* del padre Vázquez, opina que el padre Alamicer de que aquí se habla podría ser el padre Gonzalo Méndez, cuyo nombre cree que no sabían escribir los indios; pero no solo no hay semejanza entre esos dos nombres, sino que en otro lugar del *Memorial* se lee correctamente escrito el del venerable misionero franciscano. Como en este párrafo se menciona a religiosos de diferentes órdenes y hasta a un simple clérigo, es más probable que el autor haya querido referirse, bajo el nombre de padre Alamicer, a algún padre de la Merced que hubiera llegado con los otros.

de Santo Domingo no dieron aquí la ceniza y por esta razón se marcharon los de San Francisco.

El día 10 Ah [13 de diciembre de 1545] se cumplió el 48.º año desde la revolución.

El día 7 Ah [17 de enero de 1547] cumplió el 49.º año después de la revolución.

Se comenzaron a juntar las casas:

176. Durante este año llegó el señor licenciado don Juan Roser.[276] En el quinto mes del sexto año desde que comenzó nuestra instrucción en la palabra de Nuestro Señor Dios, se agruparon las casas por orden del señor Juan Roser. Entonces llegó la gente desde las cuevas y los barrancos.[277] El día 7 Caok [30 de octubre de 1547] se estableció esta ciudad[278] y allí estuvimos todas las tribus.

El día 4 Ah [21 de febrero de 1548] se cumplió el 50.º año desde la revolución.

276 El licenciado Juan Rogel, Oidor de la Audiencia de los Confines, recorrió las provincias haciendo nueva tasación de los tributos.

277 Las autoridades españolas, en cumplimiento de la Real Cédula de 10 de junio de 1540, que disponía que se juntaran los indios en pueblos formados, y con auxilio de los frailes, procedieron a hacer las llamadas reducciones, reuniendo a los naturales que se hallaban dispersos en los montes y reconcentrándolos en los pueblos donde podían vivir con mayor orden y recibir la educación religiosa, que era la única que en aquel tiempo se les impartía.

278 El autor no explica de qué ciudad se trata, si de Yximchée o de Tzololá, pero es indudable que se refiere a esta última, donde la familia Xahilá fue a establecerse después de la Conquista. Un poco más adelante se habla de varios lugares situados en las márgenes del Lago de Atitlán, y más lejos ya se menciona específicamente el pueblo de Nuestra Señora de la Asunción Tzololá, edificado en la montaña que domina el lago por el lado del norte. El padre Vázquez describe la

El día 1 Ah [27 de marzo de 1549] se cumplió el 51.° año desde la revolución.

177. Durante este año [1549] llegó el señor presidente (ferrado,[279] cuando todavía estaba aquí el señor licenciado Pedro Ramírez.[280] Cuando llegó condenó a los castellanos, dio libertad a los esclavos y vasallos[281] de los castellanos, rebajó los impuestos a la mitad, suspendió los trabajos forzados e hizo que los castellanos pagaran a los hombres grandes y pequeños. El señor Cerrato alivió verdaderamente los sufrimientos del pueblo. Yo mismo lo vi ¡oh hijos míos! En verdad muchas penalidades tuvimos que sufrir.

El día 11 Ah [1.° de mayo de 1550] se cumplió el 52.° año desde la revolución.

El día 8 Ah [5 de junio de 1551] se cumplió el 53.° año desde la revolución.

llegada de los padres de San Francisco y dice que fray Alonso Bustillo pobló a los indios de Tzololá.

279 El licenciado Alonso López Cerrato, presidente de la Audiencia de los Confines, llegó a Gracias (Honduras) en mayo de 1548. Fue un protector de los indios, a quienes libró de la esclavitud y de muchas cargas que sobre ellos pesaban. En virtud de gestiones de Cerrato se obtuvo la traslación de la Audiencia a la ciudad de Guatemala, donde se instaló en 1549.

280 El licenciado Pedro Ramírez de Quiñones fue uno de los tres primeros oidores de la Audiencia de los Confines. Comisionado por este tribunal, pasó al Perú con una fuerza militar de Guatemala en auxilio del presidente de la Audiencia de aquel virreinato y regresó a su puesto a principios de 1548. Durante la administración del presidente Cerrato y la de su sucesor continuó desempeñando Ramírez el cargo de oidor. En 1558 y 1559 desempeñó la presidencia y emprendió la conquista de los lacandones, encabezando la primera expedición que se organizó en el país con ese objeto.

281 Chi munil c'alabil, ambas palabras tienen el significado de esclavo, sirviente, vasallo, pero no el de prisioneros que han dado los traductores a la segunda.

178. Durante este año murió el Ahtzib Juan Pérez, murió el día 12 Tihax [19 de enero de 1552]. A los cuatro meses de la muerte del Ahtzib hizo erupción el Volcán de Fuego.[282]

El día 9 Ah [3 de abril de 1552] salió el fuego del interior del volcán.

El día 5 Ah [9 de julio de 1552] se cumplió el 54.º año de la revolución.

179. Durante el año llegó Ja campana de bronce, vino de parte del Emperador de Castilla. El día 3 Hunahpú [23 de diciembre de 1552] llegó esta campana; cuando estábamos a viernes llegó.

Un mes y cinco días[283] después que llegó la campana de bronce el señor licenciado Ramírez quiso matar al señor Obispo en Pangán cuando estaba el señor Cerrato. Ramírez penetró, a la casa de Dios. Esto pasó el martes 2 Can [17 de enero].[284]

Ocho meses después de haber reñido los señores en Pangán, se pelearon también nuestros padres en Xelahub, los de Santo Domingo y los de San Francisco que querían quitarles Xelahub a los de Santo Domingo.

---

282 X-kahchi huyú Chigag.
283 X-hu vinak voo.
284 Tan qoh ahauh Qerrado. «Estando presente el gobernador Cerrato», se lee en las traducciones anteriores. El texto solo dice que Cerrato se encontraba (en Pangán, la ciudad de Guatemala), y a renglón seguido agrega que fue Ramírez el que penetró a la iglesia con tan aviesa intención: Xoquebex rochoch Dios ruma Ramírez. También han dicho los traductores que «la puerta dé la iglesia fue forzada por Ramírez», pero esta versión no está de acuerdo con el original, que dice únicamente que aquél penetró al templo. La presunta víctima de Ramírez era el primer Obispo de Guatemala, don Francisco Marroquín, electo en 1535. Xa chi cay Can pa martes x-ban. La mayoría de los traductores han leído que todo esto pasó un día jueves. El texto dice expresamente martes.

180. El día 2 Ah [13 de agosto de 1553] se cumplió el 55.º año después de la revolución.[285]

Durante el curso de este año volvió a llegar la langosta. Los insectos llegaron al día siguiente del día de la Visitación; el día 12 Tziquin [3 de julio de 1554] llegó la langosta. Pasaron por igual por todos los lugares y nosotros los vimos con vosotros ¡oh hijos míos!

El día 12 Ah [17 de septiembre de 1554] se cumplió el 56.º año desde la revolución.

181. Durante este año llegó el señor presidente doctor Quexata.

El día 2 Hunahpú [2 de enero de 1555] llegó el señor aquí, vino de México. Llegó al segundo día de la Circuncisión.[286] El señor Cerrato estaba en Pangán cuando llegó.

Poco después de haber llegado el señor doctor Quexata murió el señor presidente (ferrado; poco tiempo estuvieron juntos los señores.[287]

Algún tiempo después murió el doctor Quexata,[288] sin condenar a nadie, ni detener a nadie. Al contrario, el señor Cerrato sí condenó de verdad [a los castellanos] e hizo lo que era justo.

---

285 X-e r'ox lauha r'ox may yuhuh, en el original, por error de copia. Debería decir r'oo lauha, el año 15 del tercer ciclo.

286 El doctor don Antonio Rodríguez de Quesada, Oidor de la Audiencia de México, fue promovido a la presidencia de Guatemala, de la cual tomó posesión el 14 de enero de 1555.

287 Cerrato había solicitado volver a España para terminar allá sus días; pero murió en Guatemala antes de fenecerse el juicio de residencia a que estaba sujeto como todos los presidentes que cesaban en su cargo. Los historiadores coloniales están de acuerdo con el analista cakchiquel al encomiar la labor humanitaria y justa del gobernante español.

288 Murió en Guatemala el 28 de noviembre de 1558.

Enseguida murió el señor don Francisco, Ahpozotzil; murió el 1 Can. Fue el lunes 14 del mes de octubre cuando murió. En el año del nacimiento de Nuestro Señor Jesucristo [1555]. Diecisiete días antes del día 1 Batz [9 de noviembre] se cumplió un año [aniversario de la revolución]. Cuando murió don Francisco faltaban nueve días para que se cumpliera el 57.º año de la revolución [22 de octubre de 1555].[289]

El día 9 Ah [22 de octubre de 1555] se cumplió el 57.º año desde la revolución.

182. Dos meses después de la muerte del señor don Francisco, murió nuestro padre fray Domingo de Vico en Aculan.[290] En verdad nuestro padre fue sujeto a grandes sufrimientos y fue muerto por las tribus. Un mes después de la

289 Este pasaje presenta algunas dificultades para su interpretación y para el cómputo del tiempo. El Ahpozotzil don Francisco murió, según el texto, el 14 de octubre de 1555, 9 días antes del 22 de octubre en que, de acuerdo con la concordancia que aquí se establece, se cumplía el 57.º año (cakchiquel) de la revolución de los tukuchées. No se sabe por qué motivo afirmaba el autor que 17 días antes del día 1 Batz se cumplía un año de la revolución. La concordancia de la fecha del calendario indígena y la fecha cristiana consta en las siguientes palabras: Chi hun Can x-cam pa lunes x-cahlahuh ok chi kih yq octubre, ok x-cam ha qa ri huna r'alaxic kahaual Jesuxpto, x-vuklah ru hu Batz ruquin volahuh chic chi huna. Los traductores han interpretado mal estas palabras y han dicho que don Francisco murió un lunes 14 de octubre y que la Natividad de N. S. Jesucristo cayó aquel año en el día 1 Batz, omitiendo todo el resto del párrafo y la cuenta de los días, que, sin duda, era importante para el autor. Es evidente que la Natividad de Jesucristo jamás puede caer en noviembre.

290 Fray Domingo de Vico fue uno de los misioneros dominicanos que emprendieron la conquista pacífica de los indios de la Verapaz y el Petén. Los lacandones de la provincia de Acallan lo sacrificaron el 29 de noviembre de 1555. Fue el padre Vico un misionero abnegado, gran teólogo y consumado lingüista, y uno de los primeros religiosos que compusieron artes y vocabularios y otras obras en las lenguas indígenas, para la conversión e instrucción de los naturales.

muerte de nuestro padre en Acalan fue desterrado el padre fray Francisco de la Parra por el señor Obispo y el Gobernador Ramírez.[291] Todo lo hicieron aquí, pues vinieron a pasar aquí la Pascua de Navidad.

El día 6 Ah [25 de noviembre de 1556] se cumplió el 58.° año desde la revolución.

183. Murió aquí Alonso de Paz el día 12 Ganel [12 de mayo de1557]. Durante el decimotercer mes de este año, el día de Santiago cayó en Pangán el 1 Tziquín [25 de julio de 1557]. En ese día los castellanos de Pangán hicieron una gran celebración porque entonces se proclamó a nuestro señor de Castilla, se proclamó al señor don Phelipe Emperador. Estaban entonces los tres señores Ramírez, doctor Mexía y Loaisa, estaban los tres Oidores en Panchoy cuando esto tuvo lugar.[292]

A los diez días del cuarto mes después del día de Santiago llegó la orden que libró Ramírez, conforme a la cual debían pagar tributo los señores principales lo mismo que la gente pobre. Inmediatamente se estableció el control del tributo que no se practicaba antiguamente por los señores. Ellos sa-

291 El padre fray Francisco de la Parra, originario de Galicia, España, tomó el hábito en el Convento de San Francisco de Santiago de Guatemala. Compuso el Vocabulario trilingüe guatemalteco de los tres principales idiomas Kakchiquel, Quiché y Tzutuhil, obra que se ha perdido y de la cual da noticia Beristáin. El padre de la Parra es más conocido por haber inventado cinco caracteres especiales para representar ciertos sonidos peculiares de las lenguas indígenas. «Obligado a desterrarse voluntariamente de su patrio suelo dice el padre Vázquez fue a servir a Yucatán.»

292 Del licenciado don Pedro Ramírez de Quiñones se ha hablado anteriormente. Los otros dos oidores eran el licenciado don Antonio de Mejía y el licenciado García Jofre de Loaiza. Fue el 26 de julio de 1557, un día después del de Santiago, cuando el Ayuntamiento de Guatemala proclamó solemnemente a Felipe II como Rey de Castilla y de León y de las Indias.

bían que se robaban el tributo, pero se ignoraba quiénes se apoderaban de él. No entregaban cabal el maíz, mandaban gallinas viejas y dejaban de trabajar en las milpas.[293] De esta manera solamente pagaban una parte del tributo a los señores. El día de San Francisco, un lunes, dictó Ramírez la orden, el día 7 Camey [4 de octubre de 1557].

Un mes después de la promulgación de la orden del Gobernador Ramírez se publicó la Doctrina, el lunes, día de los Santos, pero no se prestaron a aceptar la doctrina que nos daban.[294]

El día 3 Ah [30 de diciembre de 1557] se cumplió el 59.° año desde la revolución.

184. Alcaldes en el año 1557, don Juan Juárez y Francisco Pérez.

Durante este año marchó una expedición al Lacantún.[295] El día 5 Ey [27 de abril de 1558] salió de aquí el Gobernador Ramírez como general de la fuerza. El jefe don Martín salió como jefe de la fuerza de aquí cuando faltaba un mes para el tercer ciclo.

293 X-chopih qa yxim, x-el tzakom aq, x-tané camanihic. Confundiendo la palabra tzakom con zaotn, leyeron los traductores que el gobernador había reducido el impuesto del maíz y el de los pollos asados (!).

294 Se trata de la Doctrina Cristiana en español y en la lengua indígena, compuesta «con parecer de los intérpretes de las Religiones del señor Santo Domingo y San Francisco: Frai Juan de Torres y Frai Pedro de Betanzos», a que nos hemos referido en otro lugar y que fue impresa por primera vez en México en 1556. Betanzos había usado en este libro la palabra Dios como equivalente del vocablo qabouil del idioma indígena, y este punto, al parecer de poca importancia, provocó en todo el Reino de Guatemala una agitación que duró mucho tiempo y motivó el rechazo casi general del trabajo de los dos misioneros indicados.

295 En nota anterior se hizo mención de esta primera tentativa para la conquista de los lacandones que vivían en la parte norte de Guatemala, en las fuentes occidentales del Usumacinta.

Don Juan Juárez, Francisco Pérez y Martín Rahobachí Oxlah, Alcaldes de campo, dieron las *ordenanzas*.[296]

El día 13 Ah [3 de febrero de 1559] se cumplieron tres ciclos [sesenta años] desde la revolución.

Se cumplieron tres ciclos.

185. Durante el undécimo mes de este año en que estamos vino un señor presidente Real. El día 3 Qat [2 de septiembre de 1559] de nuestro sistema de contar [el tiempo][297] llegó el señor a Pangán.

El día 1 Akbal [30 de diciembre de 1559] el Gobernador Pedro Ramírez dio posesión al Gobernador don Diego Pérez.

En el sexto mes después de la llegada del señor presidente a Pangán comenzó aquí la peste que había azotado antiguamente a los pueblos. Poco a poco llegó aquí. En verdad una muerte espantosa cayó sobre nuestras cabezas por disposición de nuestro poderoso Dios. Muchas familias [sucumbieron] ante la peste. Se apoderaba hoy de la gente un frío intenso y fiebre, les salía sangre de la nariz, luego venía la tos más y más fuerte, se les torcía el cuello y les brotaban llagas pequeñas y grandes.[298] Todos fueron atacados aquí por la enfermedad. Todos vieron la enfermedad ¡oh hijos míos! El día de la Circuncisión [1.º de enero de 1559], un lunes, cuando estaba escribiendo, fui atacado por la epidemia.

296 Así en el original. Se trata probablemente de las disposiciones para que los jueces de campo obligaran a los indios a hacer siembras de trigo y maíz.
297 Chi oxi Qat chupam k'ahilabal. El presidente que llegó por ese tiempo fue el licenciado Juan Núñez de Landecho, quien tomó posesión de su cargo el 2 de septiembre de 1559. Este personaje se distinguió por sus excesos y arbitrariedades y sus extorsiones a los indios.
298 «El año de 1558 dice Juarros (1936, tomo I, pág. 161) afligió a esta metrópoli una cruel peste de fluxo de sangre de narices, de que murió mucha gente, sin que se le pudiera hallar remedio.»

Diego Hernández Xahil y Francisco Hernández Galel Baqahol, Alcaldes. 1559 años.

Se cumplió el 61.º año de la revolución el día 10 Ah [9 de marzo de 1560].

186-190.[299] Durante el segundo mes de este año llegó el señor doctor Mexía, enviado a estos lugares por la codicia de los zutujiles.[300] Haciendo su visita llegó el señor al pie de la montaña hasta Patulul, pasó a Chicuchim y fue a visitar el paraje de Zuba terminando por inspeccionarlo todo. Llegó a las márgenes del lago y allí fuimos a encontrarlo. Llegó el señor aquí ante los padres. Ciertamente se enojaron los padres fray Pedro y fray José porque el alguacil no se había presentado ante ellos. Por lo tanto, una parte de los principales que habían maltratado al alguacil, maltrataron a don Martín y cerraron la iglesia y fueron a quejarse ante el doctor Mexía. Verdaderamente fueron muchas las quejas que presentaron ante el señor y fueron atendidas por el señor, porque sabía lo que había hecho fray Pedro. Muchos llegaron a declarar ante el señor sobre lo que habían hecho los principales. Y así llegaron ante el señor porque se habían enojado con el señor. Y no fueron bien recibidas las quejas de los principales por el corazón de los padres.[301]

Durante este año fueron destruidos los lacandones.

Un mes y cinco días después de la Pascua de Navidad murió mi madre y poco después la muerte arrebató a mi padre. Enterramos a mi madre y seis días más tarde enterramos

---

299 Hemos seguido hasta ahora el orden de los párrafos que aparece en la edición de Brinton. De aquí en adelante seguimos la numeración de los párrafos del texto como se lee en la edición de Guatemala, 1934.

300 Ruma qui cherel Tzutuhile.

301 Todo este pasaje es muy confuso y de difícil traducción. Parece referirse a querellas locales de aquel tiempo que no tienen mayor importancia.

también a mi padre.[302] Al mismo tiempo murió aquí Doña Catalina, mujer de don Jorge, el día 11 Akbal.

Siete días después de la Pascua arreció la epidemia. En verdad no era posible contar el número de hombres, mujeres y niños que murieron este año. Murieron mi madre, mi padre, mi hermano menor y mi hermana. A la gente le brotaba la sangre de la nariz.

191. Se cumplió el 62.° año de la revolución el día 7 Ah [13 de abril de 1561]. Alcaldes, don Pedro Solís y Francisco y Hernández.

Comenzó el 63.° año de la revolución el día 4 Ah [18 de mayo de 1562]. Andrés Chuc y Juan Pérez Lolmay Qoraxón, Alcaldes. Año de 1561.

192. La enfermedad y la muerte siguieron ocupadas cuando terminó el 63.° año después de la revolución [18 de mayo de 1562].

Don Jorge, el Ahpozotzil, se casó aquí el día 4 del mes de agosto. Comenzó el 64.° año el día 1 Ah. Francisco Hernández y Juan López Mama Zimah, Alcaldes. Año de 1562.

193. Nació mi otro hijo Rafael. Se cumplió el 64.° año de la revolución [22 de junio de 1563].

Durante este año se midieron los solares[303] aquí en Tzololá y todas las calles.

Don Martín Galel Xahil y don Diego Pérez, Alcaldes. Año de 1563.

Comenzó el 65.° año después de la revolución el día 11 Ah [22 de junio de 1563]. Juan Ahtzalam Zakbín y Pedro Galel Gekaquch [Alcaldes].

Los alcaldes fueron azotados y heridos y los cambiaron inmediatamente los principales. Pagaron también este año

---

302 Evidentemente, esta anotación no es de Francisco Hernández.
303 Xolar, en el original.

el tributo al gobernador; ante el doctor Bará fue pagado el tributo.[304]

En este año murió también el señor obispo, el primer obispo don Francisco Marroquín.[305]

Se cumplió el 65.° año desde la revolución [26 de julio de 1564].

Comenzó el 66.° año el día 8 Ah. Alcaldes, don Pedro de Robles y Pedro Ramírez. Año de 1564.

195. Se propagó la enfermedad de la viruela, de la cual murió mucha gente.

Llegó también a mediados de este año un juez castellano, don Francisco Brezeño Visitador, así llamado.[306]

Se cumplió el 66.° año desde la revolución el lunes después de la Circuncisión.

196. Comenzó el 67.° año después de la revolución el día 5 Ah [30 de agosto de 1565]. Año de 1565. Alcaldes, Francisco Pérez y Martín Ma Ahauh.[307]

Llegó a Pangán el Obispo don Bernardino[308] el 3 de septiembre. Murió aquí don Pedro, Gobernador Qavinay de los zutujiles.

Murió también el rey don Jorge. Por espacio de veintinueve años había gobernado don Jorge.

Llegó un Obispo don Bernardino.

---

304 El doctor Barros de Santillán, Oidor de la Real Audiencia.

305 El Obispo Marroquín murió en Guatemala el Viernes Santo, 18 de abril de 1563.

306 Xavi qaha huná mi x-ul chi vi hun qatonel castillán. El licenciado Francisco Brizeño, que había sido Oidor de la Audiencia de Bogotá, llegó a Guatemala como Visitador y Juez de residencia el 2 de agosto de 1564.

307 Ma Ahauh, forma usada para indicar un nombre distinguido.

308 Don Bernardino de Villalpando, Obispo de Santiago de Cuba, fue nombrado para ocupar la silla vacante de Guatemala, a donde llegó en 1565.

Hubo un gran terremoto; las casas cayeron por tierra en Zelahay y Patzún, pero no causó daños aquí en Tzololá.[309]

Terminó el séptimo año [el 67.°] el martes [4 de octubre de 1566], pasada la Circuncisión, en el mes de septiembre.[310]

Don Juan Juárez, Jorge Taueta, don Cristóbal, don Juan Hernández Luis Pérez, fueron los hijos de don Jorge. Año de 1566.

197. Comenzó el 68.° año de la revolución el día 4 Ah [4 de octubre de 1566]. Diego Hernández Ma Xahil y Alonso Pérez Ma Zihakihay, Alcaldes.

En este año fue destituido del cargo de Alcalde Diego Hernández Xahil. El Corregidor Antonio Carlos lo condenó al destierro.

El 16 del mes de diciembre falleció Doña María, mujer de don Juan Juárez. Año de 1567.

198. Don Pedro de Robles y Pedro Ramírez, Alcaldes. El 69.° año de la revolución se cumplió el día 12 Ah [12 de diciembre de 1568].

309 Debe ser el mismo terremoto que describe Berna! Díaz del Castillo y que causó grandes daños en la ciudad de Guatemala. He aquí las palabras del cronista: «en el año de mil e quinientos y sesenta y seis, siendo... mes de mayo, entre la una y las dos del día, comenzó a temblar de tal arte la tierra, que levantaba las casas y paredes y aun tejados, y cayeron en el suelo muchas de ellas, y otras quedaron sin tejas, acostadas a un lado, que pensamos que la tierra se abría para sorbernos, y puesto que todos salimos al campo, no estábamos seguros, ni tampoco osábamos dormir dentro de nuestras casas, que en el campo, y en los patios, y en la plaza de esta ciudad hacíamos nuestros ranchos... Y de estos recios temblores hay mucho que decir, que duraron nueve días», etc. (capítulo CCXIV).

310 Estas líneas son repetición de las últimas del párrafo 195, y en ambas hay error al decir que la Circuncisión cayó en septiembre. Tal vez quiso decirse la Natividad de la Virgen, que se celebra el 8 de septiembre.

El 31 del mes después de la Pascua de Resurrección recibimos el Santo Sacramento aquí en Santa María Asunción Tzololá. Año de 1568.

199. Don Pedro Solís y Juan Pérez Ma Zitnah, Alcaldes. El 70.º año de la revolución cayó el día 9 Ah [16 de enero de 1570].

Durante este año fue el Visitador don Francisco Brezeño a Zuba, pero no vino aquí. Llegó don Francisco Breseño a Patulul y Santa María Magdalena [Patulul].

200. Recibimos aquí el jupillio el 7 de noviembre de 1569.[311]

Gonzalo de Guzmán y Francisco Hernández Galel Bakahol, Alcaldes. El 71.º año desde la revolución cayó en el día 8 Ah.

El día 7 del mes de enero mataron los zutujiles al Xahil Batzin de Palopoo.

Murió aquí el señor don Juan Juárez el 25 de junio, un sábado, al día siguiente de la fiesta de San Juan Bautista. Solo tuvo dos hijos, don Ambrosio y Femoyaua. Don Cristóbal [tuvo] un hijo, don Juan Cortés; Luis Pérez un hijo, Agustín. Jorge de Vera no dejó descendencia, y don Juan Hernández no tuvo sucesión.[312]

201. Don Cristóbal Rubio y Francisco de Paz Ma Matzar, Alcaldes.

El 72.º año de la revolución cayó en el día 5 Ah.

El 30 de julio cayó el rayo en la casa de Pedro Ramírez. Cuatro días después murió el nieto de Pablo Ximénez.

311 El jubileo. Desde aquí comienza el autor a contar equivocadamente los aniversarios de la revolución de Yximchée; y como, por otra parte, sigue computando el tiempo conforme al calendario cristiano, se hace innecesario continuar desde este punto la concordancia que se ha venido haciendo de las fechas indígenas y las españolas.

312 Estos eran los hijos del Ahpozotzil don Jorge. A Jorge de Vera se le llama Jorge Tahueta al final del párrafo 196.

Año de 1571:

202. Jorge de Vera y Francisco Pérez, Alcaldes. El día 2 Ah se cumplió el 73.º año de la revolución.

El 28 de febrero murió la mujer de Pedro Ramírez, Ana.

El 19 de agosto se casó Pedro Ramírez con la mujer Magdalena.

El 31 de agosto nació el nieto de Pedro Ramírez, Gabriel.

El 2 de septiembre murió Juliano, hijo de Pedro Ramírez, en un día domingo; solo tres días vio a su hijo.

El 19 de noviembre llegó Juan Orozco de Ayaba, juez, con Luis Azetún, escribano,[313] a hacer la cuenta de las casas aquí en Santa María Asunción Tzololá.

El 25 de diciembre se observó la erupción del volcán. Hubo fuego y oscuridad sobre la ciudad de Xelahub durante la Pascua de Navidad. Entonces salieron del bosque las palomas.

Año de 1572:

203. Don Cristóbal Rubio y Pedro Ramírez, Alcaldes.

El 74.º año de la revolución cayó en el día 12 Ah.

El 18 de marzo murió Juan Pérez, persona importante, hermano menor de Pedro Ramírez.

El día 8 de diciembre murió don Martín Galel Xahil, el día de Santa María Concepción.

El día 15 de diciembre llegó el señor Matheo, doctor, señor Oidor. Fueron a recibirlo a Chocoyá y se fue para México por el camino de Santiago.

---

313 Juan Orozco de Ayala, Alguacil Mayor de Guatemala; Luis Acetuno de Guzmán, escribano de S. M., fue Alcalde Ordinario de la ciudad de Guatemala en 1603.

Año de 1573:

204. Diego Hernández Xahil y Pedro Martín, Alcaldes.

El 75.° año de la revolución cayó en el día 9 Ah.

El 28 de enero nació María, hija de Pedro Ramírez.

El 9 de febrero llegó el señor presidente doctor don Pedro Villalobos aquí a Tzololá Santa María Asunción. Venía de México.[314]

El 10 de marzo murió don Diego Pérez, Atzih Vinak Bakahol, un día martes.

El 5 de abril nació el hijo de Pablo Ximénez, Pedro Elias.

Año de 1574:

205. Don Ambrosio de Castellano y Juan López Ma Zimah, Alcaldes.

El 76.° año de la revuelta cayó el día 8 Ah.

A los cuatro días del mes de julio Diego de Paz de Quiñones trajo nuestra tasación decretada por el presidente Antonio González,[315] como sigue: dos tostones cada uno, media fanega de maíz y una gallina.

Año de 1575:

206. Gonzalo de Guzmán y Pedro Ramírez, Alcaldes.

El 77.° año después de la revolución cayó en el día 3 Ah.

---

314 El doctor don Pedro de Villalobos, Oidor de México, llegó a Guatemala como presidente de la Audiencia el 26 de enero de 1573.

315 El doctor don Antonio González, Oidor de Granada, destinado a la Audiencia de Guatemala, llegó con los demás oidores el 5 de enero de 1570, y cuatro años más tarde desempeñó la presidencia.

El 3 de marzo llegó Alonso Juera, rezador.[316]

El día 16 de marzo llegó el señor Obispo don Jerónimo Gómez de Córdoba.[317]

A los cuatro días de mayo nació Juana, hija de Pedro Ramírez.

El 28 de mayo llegó don Diego de la Cerda, juez, acompañado de Gonzalo Martín, canciller escribano, para hacer la cuenta y registro de las casas.[318] El registro comenzó el lunes y terminó el 19 [de junio].

El 18 de junio, sábado, se fue el juez para Patzum y a su llegada se incendió la iglesia, siendo día de fiesta y a mediodía.

El 16 de octubre vino aquí a Santa María Asunción Tzololá el señor Obispo don Jerónimo Gómez de Córdoba.

Año de 1576:

207. Don Francisco Pérez y Diego Hernández Xahil, Alcaldes.

El 78.° año de la revolución cayó en el día 13 Ah.

El 4 de febrero fueron azotados los Alcaldes y Regidores de San Miguel Xeynup;[319] los capturó el Corregidor Hernando de Angulo. Recibieron cien azotes. El juez Juan de la Cueva hizo justicia de ellos.

El 9 de mayo murió el señor principal Andrés de Lauaga.

316 ¿Recaudador?
317 Fray Gómez Fernández de Córdoba, de la religión de San Jerónimo, Obispo de Nicaragua, fue promovido a la silla episcopal de Guatemala en 1574.
318 Ru tzibaxic ruvi hay. Tzibán, tzibah, significa escribir y pintar. Suponemos que aquí se trata del registro catastral de las propiedades urbanas de Sololá.
319 San Miguel Pochutla, pueblo del actual Departamento de Chimaltenango. Ynup en cakchiquel y puchotl en náhuatl designan el hermoso árbol tropical llamado ceiba en castellano.

El 17 de septiembre salió a hacer la tasación el doctor don Pedro Villalobos, presidente, con el licenciado Palacio, Cristóbal Axcueta y el señor Pablo de Escobar, secretario.[320]

También en el nies de septiembre hubo una peste de bubas que atacó y mató a la gente. Todos los puéblos sufrieron la enfermedad.

Año de 1577:

208. Don Ambrosio de Castellano y Juan López Ma Zimah, Alcaldes.

El 79.° año después de la revolución cayó en el día 10 Ah.

El 1.° de mayo, miércoles, día de San Felipe y Santiago, cayó un rayo sobre la cruz que está frente a la iglesia.

El 27 de octubre se quemó San Christián.

El 8 de noviembre, viernes, apareció una estrella que echaba humo.[321]

El 28 de noviembre fuimos sacudidos por un terremoto a media noche, en vísperas de la fiesta de San Andrés.[322]

320 El licenciado Diego García de Palacio, Oidor de la Audiencia, escribió la interesante *Relación hecha al Rey don Felipe II*, en la que se describe la Provincia de Guatemala, las costumbres de los indios y otras cosas notables, suscrita en Guatemala el 8 de marzo de 1576. Cristóbal de Azqueta era Oidor desde 1568.

321 Un cometa.

322 «Los temblores de tierra que comenzaron en 1575 continuaron con asolación de muchos edificios en toda esta Provincia, hasta el día de San Andrés, en 1577, que a la media noche, como si diese la despedida con un vaivén que duró casi tres horas, en que se arruinaron muchas casas, tuvo su término.» Vázquez, 2. ed., tomo I, pág. 265.

Año de 1578:

209. Don Cristóbal Rubio y Juan Pérez Lomay Qoraxón, Alcaldes.

Se cumplió el 80.° año después de la revolución el día 7 Ah.

El 27 de enero pasaron las monjas por Palopó y se fueron el lunes.[323]

El lunes 5 de febrero azotaron a los señores quichés en San Miguel Chimeqenyá.[324]

El 18 de febrero murió el Alcalde Juan Pérez Lomay Qoraxón.

El 1.° de mayo llegó el señor Pablo Cota Manuel, juez, para hacer la cuenta de las casas aquí en Santa María Asunción Tzololá.

El 27 del mismo mes se dictó y ejecutó la sentencia contra el señor don Pedro Solís y don Francisco y todos los señores de la parcialidad, quienes fueron destituidos de sus cargos. En esta ocasión quedaron solamente don Hernando como Gobernador y Gaspar Chululán segundo como alcalde. Ellos fueron los representantes de todas las parcialidades.

El lunes 1.° de septiembre, día de fiesta, estuvieron aquí el padre fray Juan Martín, Provincial, y el Guardián fray Francisco de Figueroa.

323 En las márgenes del Lago de Atitlán hay dos pueblos de ese nombre, San Antonio y San Catarina Palopó. Aquí se trata probablemente del segundo. Las monjas viajeras eran las de la Concepción que fue a traer a México el Secretario de la Real Audiencia de Guatemala, Capitán Francisco de Santiago.

324 Totonicapán. El nombre actual de esta ciudad es la traducción en lengua náhuatl del nombre quiché Chimequénhá, que quiere decir «en el agua caliente».

El 28 de noviembre, antevíspera de San Andrés, llegó a Pangán el señor Gregorio Balverde, presidente.[325]

Año de 1579:

210. Bernabé Arana y también Gaspar Chululán segundo, Alcaldes.

El 81.º año después de la revolución cayó en el día 4 Ah.

El 20 de febrero se probó por los castellanos una embarcación que acabaron de construir después que el padre la bautizó en la punta de Panahachel.[326]

El 18 de mayo llegaron dos españoles y se fueron a Zacatán de orden de la Audiencia de Pangán [Guatemala].[327]

El lunes 12 de octubre murió el Guardián de los de Santiago [Atitlán], fray Juan Granero.

El 13 de octubre llegó el señor Obispo don Jerónimo Gómez de Córdoba aquí a Santa María Asunción Tzololá. Entonces hirieron al Alcalde Juan Luis.

Año de 1580:

211. Don Juan Hernández y Pablo Ximénez, Alcaldes.

El 82.º año después de la revolución cayó el día 1 Ah.

Entró aquí de Gobernador el señor don Pedro Solís, Ahpoxahil, nieto del rey Hunyg.

---

325 El licenciado García de Valverde, que había sido presidente de la Audiencia de Quito, tomó posesión de la presidencia de Guatemala en noviembre de 1578.

326 Ha qa ok x-e tix Pa pa ya tzamhay Pan Ahachel. Se refiere al pueblo de Panajachel, del Departamento de Sololá, situado sobre el río de su nombre, a orillas del Lago de Atitlán, al que se ha llamado también Laguna de Panajachel.

327 Ciudad Real de Chiapas, hoy San Cristóbal Las Casas, edificada en el sitio que los indios llamaban Huey-Zacatlán.

El sábado 27 de febrero se cayeron todos los cimientos de la construcción a mediodía.

Año de 1581:

212. Don Cristóbal Rubio y Pedro Méndez, Alcaldes.

Se cumplió el 83.º año después de la revolución el día 11 Ah.

El 8 de marzo llegó el juez Diego Ramírez con el escribano Antonio Xuárez para hacer la cuenta de las casas; llegaron un miércoles.

El lunes 3 de julio a mediodía fue herido Gaspar de Rosales, Contador de los Oficiales Reales, por el llamado Tesorero Alonso de Vides, y murió enseguida. El jueves 6 de julio fue sentenciado el Tesorero a ser decapitado, pero fue [el proceso] ante el juez señor García Balverde, presidente de la Audiencia. Solo tres días lo detuvieron.

Nació Catalina, hija de Pedro Ramírez y mi hija ante Dios [ahijada], yo Francisco Hernández Arana, en el mes de diciembre del año de 1581.

Durante la celebración de Santo Tomás, 5 de diciembre de 1581, se observó el fuego del Volcán de Fuego. Era realmente una gran erupción que creció en la Pascua de Navidad y cesó enseguida, apagándose el fuego en la Pascua.[328]

---

328 Dice el historiador Juarros que el 27 de diciembre de 1581 fue día de gran tribulación para los habitantes de la ciudad de Guatemala, porque el volcán, que había comenzado a arrojar fuego, despidió tanta ceniza que se oscureció el Sol y fue necesario encender velas a mediodía. Fray Francisco de Figueroa, de quien habla el *Memorial*, presenció esta erupción y dejó de ella un relato que puede leerse en la *Crónica* del padre Vázquez, lib. II, cap. XIX.

148

Año de 1582:

213. Don Ambrosio de Castellano y Pedro Martín Atzih Vinak Achij lxkuhay, Alcaldes.

El 84.° año desde la revolución cayó en el día 8 Ah.

Se pagó el tributo en plata, comenzando de seis en seis tomines. La Audiencia decretó esta tasación por misericordia del Rey al tiempo de la Pascua. Durante la Pascua comenzó.[329]

214. El 16 de abril del año de 1582 fue destituido Pedro Ramírez del cargo de Fiscal, por haberse embriagado.

El 5 de mayo de 1582 murió nuestro amado padre el señor provincial fray Gonzalo Méndez en el [Convento] de San Francisco en Pangán.[330]

A los 15 días del decimosexto mes murió Alonso Uchabahay, lo azotaron los Alcaldes. Murió en la prisión el 10 de noviembre de 1582. El Corregidor don Hernando los encarceló.

---

329 La conmiseración del Rey por la pobreza de los indios es visible en esta rebaja en el monto de la capitación que sobre ellos pesaba. En 1574 se estableció que pagarían dos tostones, media fanega de maíz, que valía otros dos tostofies, y una gallina de valor indeterminado. En 1582 se redujo el pago a 6 tomines, o sea 6 reales de plata, equivalentes a un tostón y medio.

Al llegar, en su traducción, a esta parte, puso Brasseur el acápite siguiente: «Parte de Francisco Díaz Gebutá Queh». Pero, en realidad, el nombre de Francisco Díaz no comienza a mencionarse hasta el año de 1583, y, desde luego, el aditamento del nombre Gebutá Queh es completamente infundado, porque éste corresponde a persona distinta.

330 El padre Gonzalo Méndez, fundador de la Orden Franciscana en Guatemala, ejerció su ministerio entre los indios zutujiles del pueblo de Atitlán, donde fundó el segundo convento que su religión tuvo en el país; fue custodio y provincial.

El 17.º día del decimosexto mes se fue para México nuestro padre Guardián fray Juan Martínez, el 13 de noviembre de 1582.

El 19.º día del decimosexto mes llegó la embarcación que se fue entre los tulares de Santa Clara.[331]

El 9.º día del decimosexto mes murió don Cristóbal Rubio, un domingo, en la fiesta de Santa Catalina.

Año de 1583:

215. Don Francisco Pérez y Diego Hernández Xahil, Alcaldes.

El 85.º año desde la revolución cayó en el día 5 Ah.

Me casé aquí, yo el viejo Pacal[332] Francisco Díaz, con Francisca Catalina, hermana del difunto don Diego Pérez Atzih Vinak Baqahol.

El 8 de mayo regresó de México el padre Guardián, o sea en el décimo mes según la cuenta de los días de los cakchiqueles. Año de 1583.

El 14 de agosto, víspera del día de Santa María Asunción, quisieron ahorcar y quemar al hijo de Francisco Martín y al jugador de pelota Andrés Quioh. La Audiencia quería ejecutar la sentencia en Pangán. Tres veces pidió clemencia el padre fray Francisco Salcedo, y [Francisco de] Santiago, Secretario del señor Capitán [General] español, los aprehendió, los amarró y los golpeó. El martes se hizo el milagro.[333]

El jueves 12 de septiembre de 1583, al anochecer, murió el señor don Joseph de Sancta María, Gobernador de los tzi-

---

331 Pueblo de la laguna. Mi x-ul vi hucu x-be ahax Santa Clara.

332 Pacal, «esclarecido», título de distinción que usaban los indios de la región del Lago de Atitlán.

333 «Milagro» en español en el original. La frase es confusa y pudiera interpretarse que por un milagro salvó la vida el hijo de Francisco Martín.

quinahay de Santiago de Zutujil.[334] El viernes enterraron al señor.

El 16.º día del decimotercer mes de nuestro modo de contar [el tiempo] de nosotros los cakchiqueles,[335] o sea el sábado 5 de octubre de 1583, llegó el señor Juez Juan de Rosales, con Juan de Morales, escribano, a inspeccionar la orilla de la montaña y el río allá en Vayan Chocol. Lo hicieron en trece días, recibiendo las declaraciones de los testigos, de veintidós testigos, aquí en Tzololá. También mandaron sus testigos los de Santiago. Inspeccionaron y reconocieron la orilla de Quichenbal, Vayan Chocol, Vanpatí y Vacaón. Salieron el jueves y llegaron aquí a Santa María Asunción Tzololá el 17 de octubre, víspera de la fiesta de San Lucas. El día de la fiesta de San Lucas se fueron para Pangán y pusieron en orden el pleito de la parcialidad de Pedro Ramírez.

El 10.º día del decimoquinto mes, según nuestra cuenta entre los cakchiqueles, en que cada mes tiene veinte días, en la víspera de Santa Catalina, 25 de noviembre de 1583, nació Juan Evangelista, hijo de Gregorio Mayorga y nieto de Pedro Ramírez. Desde la noche de Santa Catalina, lunes, comenzó, pasó ese día y nació el martes.

Año de 1584:

216. Pablo Hernández y Pedro Ramírez, Alcaldes; Juan Luis, Alguacil Mayor; Pablo Ximénez, escribano.

El 86.º año de la revolución cayó en el día 2 Ah.

El 2 de febrero en que cayó el día de Santa María de la Purificación, bendijeron las candelas y cambiaron diez días que no debían contarse porque vino la orden de nuestro Gran

334 Hoy Santiago Atitlán, la antigua capital del reino zutujil.

335 Hasta aquí tradujo el abate Brasseur de Bourbourg al francés y don Juan Gavarrete del francés al español.

padre, el Santo padre de Roma,[336] del año 82, a los ochenta y un años [cakchiqueles] de la revolución en la ciudad de Yximchée.[337]

Sesenta años desde que vinieron los castellanos [1524-1584].

Doblaron las campanas de la fe cuando murió don Pedro Solís, Gobernador, aquí en Santa María Asunción Tzololá, en la fiesta de la Purificación, día jueves 2 de febrero de 1584.

El sábado 4 de febrero fue fulminada por el rayo la cruz que está frente a la iglesia.

El 18 de febrero recibió la vara Pedro Martín Atzih Vinak Achí Ahauh. Don Pedro Martín fue el Gobernador de esta ciudad de Santa María Asunción Tzololá. El padre fray Juan Martínez, Guardián, fue a entregar el título y la vara en la Audiencia porque no estaba satisfecho del buen juicio de don Ambrosio, nieto de don Jorge.

El 23 de marzo de 1584 llegó de Nicaragua el padre fray Juan Martínez, por orden del padre Comisario General, y se fue para México.

336 Mi-x-halqatih lahuh chi kih maqui x-ahilax can qa r'ulic chic ru pixa ka nima tata Sancto padre de Roma. El dato que aquí consigna el analista cakchiquel es interesante como indicación de la época en que entró en vigor en Guatemala la reforma del calendario, decretada en 1582, por el papa Gregorio X III, conforme a la cual debían descontarse diez días al mes de octubre de aquel año, de modo que el día de San Francisco de Asís pasó del 4 al 15 de dicho mes. Así se hizo ese mismo año en España y Portugal; pero, por lo visto, la orden del papa tardó otros dos años en llegar a América. La Audiencia de Guatemala había dictado providencia el 4 de enero de 1584, disponiendo que el 19 de dicho mes se computara como el día 29.

337 Cay vi huna roqal, huna roqal rubanic yuhuh pa tinamit chi Yximchée: «el año [cristiano] de 82, y a los ochenta y dos años [paganos] de la revolución». Se diría que el autor juega adrede con los números para atormentar al traductor.

El 9 de abril de 1584 fue instalado el señor don Juan Hernández, hijo del difunto señor don Jorge, como Ahpoxahil, por todos los señores Xahilá.

El 26 de abril fueron a decir la misa a San Marcos en Payán Chocol; hizo la procesión el padre fray Juan de Mendoza, a la que asistieron todos los señores.[338]

El 13 de agosto de 1584 llegó nuestro querido padre provincial fray Juan Casero aquí al pueblo de Santa María Asunción Tzololá, a la hora de comida. También llegó nuestro padre fray Juan Martínez y se fue enseguida para Granada, Nicaragua. Se juntaron aquí a la hora de la comida.

El 14 de noviembre de 1584 llegó a Pangán una parte de los padres que vinieron de Castilla. Quince llegaron el viernes.

El 17 de noviembre se enrojeció la Luna; después de haberse oscurecido un rato, se aclaró, comenzando por la parte de abajo. Un español dio la verdadera explicación antes de que tuviera lugar [el eclipse]. Cuatro o cinco semanas después que se le anunció al señor presidente de la Audiencia, se oscureció la faz de la Luna, pero volvió a aclararse tal como ya sabíamos.

El sábado 17 de noviembre fueron a observar a la cumbre de la montaña. Fueron el licenciado y los padres a la cumbre de Pabal Cakché. «Si lo haces bien te daremos dos o tres pueblos para que te mantengan», dijeron al de la Audiencia; «pero si nos engañas, te colgaremos por los pies».[339] «Está bien, señores» contestó el español. Y en realidad lo hizo. Todos lo observaron en Pangán y lo vieron los padres y el licenciado.

338 Al margen del manuscrito, en castellano y letra más moderna, se lee: «Fundación de S. Marcos.» Se trata del antiguo pueblo de este nombre, situado a orillas del Lago de Atitlán, al poniente de Sololá.
339 Vue qa at caxtok ca hitzax capeh x-cha.

Nueve días después de este suceso llegó la bula de nuestro amado padre, el Santo padre de Roma, durante la fiesta de Santa Catalina. Los castellanos hicieron una procesión el año de 1584.

Por el mismo tiempo dictó la Audiencia el sábado 17 de noviembre de 1584 la sentencia en que nos concedió el retablo para nuestro pueblo. El Rey nos dio el que pertenecía a los de Guazacapán,[340] pagando una parte del dinero a los de Guazacapán, 600 tostones que se devolvieron en su totalidad. Don Pedro Martín, don Francisco Pérez, Diego Hernández Xahil y don Ambrosio de Castellano fueron a dejarlos a la Audiencia en Pangán, y nuestro amado padre fray Juan Martínez, Guardián, llevó la palabra ante la Audiencia.

Pidieron también sus campanas los de Patulul y los de San Miguel, que fueron a presentarse ante la Audiencia. Se otorgó la licencia en nombre del Rey y se nos dio la campana a nosotros el 20 de diciembre de 1584.

Cayó granizo en la vigilia de Santo Tomás.

Yo, el viejo Francisco Díaz, mayordomo,[341] me hice cargo de mi empleo.

Año de 1585:

217. Don Ambrosio de Castellano y don Francisco Pérez, Alcaldes; Pedro Cakrum, Alguacil Mayor.

Se cumplió el 87.° año después de la revolución el día 12 Ah.

El 16 de enero hubo un temblor de tierra muy largo que duró hasta el atardecer.[342]

340 Pueblo de la costa del Pacífico que fue capital de la Alcaldía Mayor
    hasta mediados del siglo XVIII.
341 De la cofradía.
342 Según Juarros hubo temblores muy fuertes en la ciudad de Guate-
    mala, acompañados de erupciones del Volcán de Fuego, en 1585 y

El 6 de marzo recibimos la ceniza.[343] En este año de 1585, un domingo por la noche, Gaspar Gek mató a una mujer en la Estancia;[344] le dio de palos y murió.

El 23 de marzo llegó el hermoso retablo del pueblo que dio la Audiencia Real. Mil o mil doscientos tostones eran por cuenta del Rey y apenas sesenta tenía que poner el pueblo.[345] Fue hoy sábado, en este año de 1585.

Hoy viernes, 10 de mayo, terminó el pleito; llegó la sentencia ejecutoria y se reconocieron los mojones que ordenó que se fijaran el señor Francisco de Guinea, Alcalde Mayor, allá en Payán Chocol. Lo ejecutó el señor Rodrigo de Quijano, Corregidor de aquí de Tecpán Atitlán, y ambos en unión del señor Alonso Páez, Corregidor de Santiago Atitlán y el escribano Francisco Pulgar y Villa Castilla y Santiago Chancho,[346] testigos, pusieron los mojones. Los castellanos lo hicieron ante el Alcalde Mayor Francisco de Guinea. También dictó disposiciones el Visitador Quijano, respecto a las gallinas dentro de las casas.[347]

El 23 de mayo llegó el padre Juan de Meelga,[348] Guardián, en sustitución del padre fray Juan Martínez. Con tristeza se reunió el Cabildo el día 2 del cuarto mes del antiguo sistema de contar el tiempo, y pasó el día haciendo guardia aquí en nuestra iglesia de Santa María Asunción Tzololá, Tecpan Atitlán.

1586. Los temblores, dice el historiador, comenzaron el 16 de enero de 85 y continuaron todo ese año y el siguiente.

343 Efectivamente, el Miércoles de Ceniza cayó a 6 de marzo.

344 Pastancia.

345 Votuc r'ox oko chi tostones r'ahil x-u han Rey, ox qal r'u hubah mi-x u ban tinamit.

346 El nombre completo del Corregidor de Santiago Atitlán en 1585 era Alonso Páez Betancourt y el del escribano Francisco de Villacostín, según se lee en la *Relación del Pueblo y Cabecera de Atitlán*, de 1585.

347 Xavi qa hatok x-u ban Visidor Quisano ruma aq ruvi hay.

348 ¿Melgar?

Murió aquí el abuelo Diego López Pacal.

El 29 de junio se descubrió el frente del hermoso retablo. Lo terminaron a toda prisa el día de San Pedro y San Pablo. Dijo misa el padre Guardián, fray Juan de Mendoza, hoy sábado.

El 26 de julio murió don Gaspar Manrique, al día siguiente del día de Santiago, fiesta de Santa Ana.

A fines de septiembre murió el señor de la Cueva, Gobernador de los mutzulá de San Juan Bautista Naualá.

El 10 de octubre murió Gaspar, hijo de Francisco Vázquez, el yerno de Lucas Muela.

El 9 de noviembre prendieron al Galel Uchabahay, al Galachí Xincú, al Ahtzalam Chuc, al Ahtzalam Cakrum y al Ahtzalam Xincú, a los cinco [los prendieron].

El jueves al anochecer murió don Juan Hernández, hijo del difunto don Jorge, y fue enterrado en la mañana del viernes.

El 8 de diciembre estuvo expuesto el Santo Sacramento en la Santa Iglesia; lo expuso en el altar de la casa de Dios el padre fray Juan de la Torre. Se hallaban entonces aquí en Tzololá el Corregidor Rodrigo de Quijano, gobernando don Pedro Martín, Gobernador, y los padres fray Martínez, fray Jerónimo, fray Diego de Ribera y los Alcaldes don Francisco Pérez y Juan Gómez Chintá.

Ya para terminar este año, a los cinco días de Santo Tomás, nació mi hijo Gaspar Ganel. Yo, el viejo Francisco Díaz, Ma Pacal.

Año de 1586:

218. Diego Hernández Xahil y Francisco Arana Ahmoxnay, Alcaldes; Gregorio Mayorga, Alguacil Mayor; Pedro Martínez Pérez, Alguacil Mayor, siendo escribano Mateo García.

El 88.º año de la revolución cayó el día 9 Ah.

Aquí comenzó a quemarse mi casa que hice cuando era mayordomo.

El 14 de enero, fiesta de la Epifanía,[349] prendieron a los Viejos Pacales, a los hombres principales; le pusieron multa al abuelo y al jefe de la parcialidad, multaron también al padre y a todos los señores y principales del pueblo. Tuvieron conocimiento de esto el padre y el Corregidor Quijano.

El 20 de febrero entró don Ambrosio de Fiscal en lugar de Pedro Méndez, viejo Ahú.

Murió aquí el señor don Francisco Pérez Ahtuncuc.

El 23 de febrero los Viejos Pacales, los señores principales, entraron a dirigir la parcialidad.

El sábado 22 de febrero llegó el juez Antonio Rodríguez para tomar residencia al Corregidor Quijano, quien al instante entregó la vara y se hizo el cambio el 25 de febrero. Luego se mandó pregonar en los cinco o seis pueblos que le pagaban su salario. Su salario era de 400 tomines.

El 17 de marzo llegó el señor don Jerónimo Gómez de Córdoba, Obispo. Llegó de México pasando por Patulul y luego vino aquí.

Fueron a hacer el pregón a Patzum, Chicuchín, San Miguel y Patulul, y entonces se fue también don Bernabé al Quiché a hacer el pregón.

Aquí en nuestro pueblo de Santa María Asunción Tzololá dieron la confirmación.

Un día del mes de abril llegó el Comisario General llamado fray Alonso Ponce. Pasó a Santiago Zutuhil [Atitlán] y se fue directamente a Pangán. Venía de México, Tenochtitlán.[350]

---

349 En esto hay error. La Epifanía o Adoración de los Reyes se celebra por la Iglesia católica el día 6 de enero, pero pudiera ser que la celebración se hubiera pospuesto ocho días en 1586.

350 X-chohmin ka Pagan ka r'ulicx-pe México Tenochtitlán (sic).

El sábado 7 de junio, poco después de haber notado su falta a la hora de la comida, murió Catalina, la hija de Pedro Ramírez Uchabahay.

El 24 de julio,[351] en la vigilia de la fiesta de Santiago, llegó nuestro amado padre fray Alonso Ponce, Comisario General, a hacer una visita y a adoctrinar a todas las tribus. Cuando vino de México se fue a Santiago [Guatemala], pero regresó aquí a Tzololá, a donde llegó el lunes.[352]

El martes 5 de diciembre, en la madrugada, al amanecer, cayeron casas en Pangán a causa de un terremoto. Entre la gente que murió se hallaban unos españoles. Esto pasó dos días antes de la Pascua de Navidad.[353]

Año de 1586:354

En el mes de febrero hizo una visita el Obispo.

Hoy, 5 de enero del año 1586, estuvimos los señores principales, yo Francisco Díaz Viejo Pacal; yo, Juan de Guzmán, jefe de la parcialidad, de orden del señor don Ambrosio de Castellano, con Luis Pérez y Gonzalo de Guzmán; además,

351 24 de junio en el original.
352 344 El padre Alonso Ponce viajó por Centroamérica y Yucatán en 1586 como Comisario General de la Orden Franciscana. La narración de su viaje, «escrita por dos religiosos sus compañeros», fue publicada en Madrid en 1872 con el título de *Relación breve y verdadera de algunas cosas de las muchas que sucedieron al padre fray Alonso Ponce en las provincias de la Nueva España, siendo Comisario General de aquellas partes*, etc. Colección de documentos para la historia de España, vols. LVII, LVIII.
353 La fecha de este terremoto es el martes 23 de diciembre (y no el 5), según Juarros, y así se deduce de las últimas palabras del texto. La ciudad de Guatemala fue destruida y entre sus ruinas dice el historiador quedaron sepultados muchos moradores.
354 Esta parte, marcada también con el año 1586, aparece en un lugar diferente del manuscrito, en el folio 9, y se agrega aquí para seguir el orden cronológico.

Diego Hernández Xahilá, gran señor Xahil, y don Bernabé, Juan Alonso Zakbín y Juan Martín Macua, así como los Ahpop, los viejos Francisco Maxobobín y Juan Gómez Chinta, y Juan de Chávez, Gran Pacal, con don Miguel Galel Xahil y Xitayul, quienes hicieron estas diligencias.

El día 3 se reunieron los señores para conferenciar, nuestros queridos padres fray Juan Martín y fray Juan de Mendoza, Guardián, y el señor don Rodrigo Quijano, Corregidor, don Pedro Martín, Gobernador, el Alcalde Francisco Arana [Ahmoxnay], Gregorio Mayorga y Pedro el Fiscal; todos, se reunieron en el pueblo.

Estas son las gentes de fuera: el Fiscal Pedro, de Bocó [Chimaltenango], el Ahtzalam Qtán, de Paziziyá [Patzicía] y Pedro Pérez de Pachahiyá y los de Ruyaal Chay [Itzapa] y los de la milpa de Zamora, el viejo Diego Rih de Patulul y Francisco Pastor de Santo Domingo Panchoy. Estos son los principales que concurrieron a conferenciar. También entramos nosotros; no estuvimos atrás ni adelante; contentos entramos en la oscuridad. Hablaron, pero no fue gran cosa lo que hicieron todos los señores y gentes importantes del pueblo. Los reconocimos cuando entramos en el gran día de la Epifanía.

Año de 1587:

219. Pablo Hernández y Pedro Méndez Ahú, Alcaldes.

El 89.º año de la revolución cayó en el día 8 Ah.

El 18 de enero se celebró el jubileo. El domingo recibimos el Santo Sacramento de nuestro amado padre mayor, el Santo padre que está en Roma.

De esta manera se celebró el segundo domingo aquí en nuestro pueblo de Santa María de la Asunción Tzololá.

El 9 de febrero nació el hijo de Pedro Ramírez. Un día lunes nació.

El 10 de febrero recibimos la ceniza y comenzó la cuaresma. El padre fray Bonifacio echó el agua [del bautismo] en la cabeza al hijo de Pedro Ramírez, a quien dieron el nombre de Diego.

El sábado 1.° de agosto murió Diego Hernández Xahil.

Llegó aquí a Tzololá como Visitador el padre Provincial fray Pedro de Arboleda.[355]

El día de la Exaltación de la Santa Cruz [14 de septiembre] se trazaron y construyeron los mojones[356] por Francisco Perenya y el escribano llamado Centeno. Llegaron a Patzimaiya[357] y ejecutaron la operación. Llegó a observarlos allí Gonzalo Martín, nuestro defensor.

A los dos días, el 15 de septiembre, oyeron la misa en San Agustín; fray Jerónimo de Tapia dijo la misa y allí durmieron también con los zutujiles. Luego llegaron a Santa María Magdalena [Patulul] para recibir las declaraciones de los testigos: cuatro de San Juan y de Chicaquix, dos de San Cristóbal, seis de los de Patzum, eran nuestros testigos. También recibieron las declaraciones de los Alcaldes y Regidores y de los principales de Patulul.

Ocho tostones se pagaron por honorarios al juez, por cada día; dos tostones al escribano y un tostón para el guarda.[358] Los de Santiago [Atitlán] pagaron seis días; fueron doce días.

355 Custodio de San Francisco en 1578, 1586 y 1590. En 1585 era Guardián del Convento de Santiago Atitlán.

356 Mi-x-tzet tzak bagag. No encontrando una interpretación congruente de las dos últimas palabras, las traducimos como si fueran x-tzet qulbat, «fijar los mojones». Como se verá más lejos, se trataba de deslindar las tierras de Tzololá y las de Atitlán.

357 «En el río de los jícaros.» Puede ser el antiguo pueblo de la costa de Suchitepéquez, que llamaron Xicalapa, traducción literal al náhuatl de Patzimaiha. Xicalapa se encontraba a orillas del Río Nagualapa y a legua y media de su desembocadura en el Océano Pacífico. Francisco de Pereña fue Corregidor del Valle de Guatemala en 1584.

358 Ah yaqui.

Conforme a la provisión fueron desalojados los de Santiago. Treinta tostones le dimos a nuestro defensor, el llamado Gonzalo Martín, entre todos los señores de la parcialidad.

El lunes 7 de septiembre comunicó el juez desde San Lucas que se había ganado el pleito y se había acabado el proceso. Luego se fue para Pangán a dar cuenta a la Audiencia, el día de San Mateo. Dos de los de Patzum llegaron ante los castellanos y le pagaron al juez Francisco Perenya un tostón de parte de los de Santiago, y nosotros dimos un tostón a cuenta de la llevada del proceso.

El 27 de septiembre vino la Bula, la recibimos aquí en Tzololá, siendo Guardián nuestro amado padre fray Juan Martínez. Vino de parte de nuestro amado padre Mayor, el Santo padre que está en Roma.

El día del padre San Francisco, Santo padre, murió aquí el padre clérigo, santo padre.

El 3 de noviembre hicieron la notificación en Panpatí del terreno de Tomás Chial. Vino don Bernardo, nuestro Corregidor, aquí a Tzololá. Llegó Antonio Rodríguez, Corregidor de Santiago. Todos los señores vinieron aquí, y se fueron para Santiago el viernes.

Hoy, 20 de noviembre, llegaron los testigos y también los de Panpatí. Eran ocho testigos, cinco de los de Santiago comparecieron juntos ante el Corregidor don Bernardo y Antonio Rodríguez y ante todos los señores, asistiendo[359] Alonso Vásquez, Joseph de la Torre y Juan de León, castellanos, para recibir la información.

359 S-tendo, en el original.

Año de 1588:

220. Don Miguel López y Gregorio Mayorga, Alcaldes; Alguacil Mayor, Diego Sánchez y Jorge de Robles.

Por la cuenta del tiempo, el 90.° año después de la revolución cayó en el día 3 Ah.

Comenzó entonces una epidemia de erupciones entre los niños, de la que no morían los viejos.[360]

Se quemó aquí la casa de Francisco Díaz, Viejo Pacal, que construí cuando era mayordomo.

El sábado 14 de marzo se enrojeció la Luna, solamente se puso colorada y se le oscureció la cara.

El 19 de marzo llegó el juez del pleito, Juan de Morales, a Vayan Chocol, Panpatí y Pacoón a recibir los rezagos[361] por orden de la Audiencia y por el señor Fiscal Real. Efectivamente se pagó a los Oficiales Reales el impuesto que llaman de la media [anata].

El domingo 20 de marzo dimos, además, para la nieta del juez Francisco, llamada Ana.

El martes 22 de marzo comenzó el juez a recibir las declaraciones de los testigos en Payán Chocol, y a los dos días fue a trazar la raya[362] frente a los mojones de piedra, tirando la cuerda.

El jueves 24 de marzo llegó también el juez a Panpatí, y estuvo allí hasta el mediodía, y por la noche llegó a Payán Chocol. Luego llegó el Tesorero Alonso Vides por el rezago. Estaban entonces el Gobernador, los Alcaldes y el juez en Panpatí.

360 ¿Sarampión o varicela?
361 Así en el original, pagos atrasados de alcabalas.
362 Así en el original.

En los últimos días del año se encontraba el pleito ante el Gobernador Pedro Martín y los señores principales peleaban ante la Audiencia.

El lunes 28 de marzo comenzaron a tomar las declaraciones el Gobernador Ahú Chinta y don Ambrosio de Castellano, Alguacil Mayor. El tesorero introdujo a los testigos.

El viernes 1.º de abril concluyeron y quedaron terminadas[363] las declaraciones de los testigos. Las tomó el juez Diego Ramírez.

Vinieron entonces a hacer la cuenta de las casas. El juez reqedor[364] Juan de Morales la practicó.

El sábado 2 de abril se fue el juez a hacer la cuenta a Quezaltenango.

Año de 1589:

221. Francisco Arana y Gonzalo de Guzmán, Alcaldes; Alguacil Mayor, Mateo García; escribano, Juan de Guzmán; Juan Ahziqahauh.

91.º año después de la revolución el día 13 Ah.

El 2 de marzo nació mi hija, a quien pusimos el nombre de Ana. Yo, Francisco Díaz, Viejo Pacal.

También llegó en marzo el señor Oidor Carbade,[365] quien hizo una visita a los pueblos en Zuba, pero no vino aquí a causa de la Pascua. Rápidamente se fue para Pangán.

Desde hace un año ha estado don Pedro Atzih Vinak Baqahol en lugar de su padre el señor Baqahol.

El Guardián actual es fray Cristóbal de Olibera.

El sábado 6 de marzo vino el órgano, vino nuestro querido padre el padre fray Cristóbal, Guardián, quien lo compró en

---

363 X-u quigibeh x-lahbex.
364 ¿Recaudador?
365 El licénciado Diego Carfate, Oidor de la Real Audiencia.

1.200 tostones que pagamos. Haciendo las cuentas salió en la mitad del precio en dinero. El padre enseñó al hijo del Gobernador, a Rafael Francisco y a los niños pequeños; a once les enseñó fray Antonio Santiago.

El padre Cristóbal de Olibera aconsejó que no le informaran de esto al presidente.

El 22 de julio llegó a Pangán el señor don Francisco, Visitador y presidente de la Audiencia.[366] Inmediatamente fue removido el señor presidente Balverde, su secretario y todos los Oficiales Reales y los padres del señor. Hubo así nuevo jefe, clérigo y padre.

Mientras tanto, el Oidor Zarbate se encontraba en San Juan Naualá, de donde fue llamado inmediatamente.

El 17 de septiembre murió el señor presidente Balverde en Pangán, sin que se le hubiera tomado residencia. Cuando murió había gobernado diez años. El décimo año murió don Gregorio Balverde.[367]

El 9 de noviembre la viuda del Gobernador mandó enseñar secretamente al señor Visitador el título de Gobernador, pues el señor no conocía a todos estos pueblos que estaban en la provisión y en los cuales tenía que hacer justicia, y no conociéndolos no podría administrarla, y por esta razón le enviaron el título.

366 Era el licenciado Pedro Mallén de Rueda, Oidor del Nuevo Reino de Granada, quien pasó de presidente a la Audiencia de Guatemala, a donde ingresó el 21 de julio de 1589.
367 El 16 de septiembre de 1589, según Juarros, murió en Guatemala el licenciado García de Valverde, estando electo presidente de Nueva Galicia.

Año de 1590:

222. El día 2 Toh nació aquí María, hija del difunto José.

Gaspar Chululán y Jorge de Vera, Alcaldes; Mateo García, escribano; Alguaciles Mayores, Pedro Cakrum y Francisco Chocohay.

El 92.º año de la revolución cayó en el día 11 Ah.

Los padres vinieron a celebrar capítulo aquí en Tzololá; aquí lo hicieron y no en Pangán, lo hizo fray Cristóbal de Olibera.

El día 3 de enero comenzó una enfermedad de tos, fríos y calenturas de que moría la gente.

El 21 de enero, domingo, hicieron justicia en la iglesia a los de Santa Lucía, que quisieron casar a una pareja de cuñada y cuñado. No los denunciaron los testigos ni el Fiscal y no los casaron cuando se averiguó por el padre fray Cristóbal de Olibera, quien hizo gran acto de justicia en la iglesia. Fueron azotados todos los testigos y el Fiscal; les dieron a unos ochenta y a otros sesenta azotes y les impusieron dos meses de trabajo en Vanichah. A la mujer la condenaron a seis meses en casa del Corregidor, pero no la azotaron; solo estuvo un día en la prisión. Los testigos, que eran dos parejas, se habían casado anteriormente.

El 11 de septiembre tuvo un pleito don Ambrosio de Castellano con todos los Chopená. Tan pronto como él salió conferenciaron y dijeron que su abuelo no había sido hijo de señores principales y que solo los habían juntado al principio los Chintay, quienes los cuidaron y juntaron. Así dijeron Juan Akbal y Agustín Juan Qoxol y se burlaron públicamente. Bernabé Xahil se enfureció con ellos. Yo, Francisco Díaz, era mayordomo cuando sucedió esto. No se llevó la historia ante la justicia por los Xahilá. Solo hicieron gran escándalo y reprendieron a Diego Batzú. Desde el principio se juntaron los Chintay, de esta manera se defendieron los Chintay. Así se esclareció el pleito ante la justicia y todo terminó.

Gobernaban Pedro Martín Gekaquch, Gaspar Chululán y Juan Cortés, Alcaldes, y el Alguacil Mayor Pedro Cakrum Chocohay.

Llegaron también tres viejos Pequeños y Grandes Pacales, a quienes habían ofendido, pero no hubo desorden en la parcialidad. Llegó Pablo Hernández, llegaron también a Chanachá los compradores de fruta, pero no mostró la cara Gonzalo de Guzmán por el disgusto que tenían, aunque eran de corazón recto el Viejo Francisco Pacal, Francisco Gómez, el viejo ofendido Sebastián de Arana, el Viejo Gran Pacal Martín de Chávez Tay, Diego Pacal, Juan Yaxón Iq y Juan Ganel Tunal.

Este año se compraron los zapotes de Chanachá de los de Palopoo a dos tostones la cosecha del año de un árbol y lo que da la tierra de Xechi Tucur, que era propiedad del pueblo. También compraron las anonas de San Bartolomé; dos tostones les dieron a los hijos. Pero como no pertenecían a los hijos y cuidadores, mandaron suplicar a la justicia que se los pidiera a los de Chanachá. Así, les fue señalado término por la justicia del Gobernador para que fueran propiedad de la comunidad los zapotales y la tierra. Esto lo obedecieron los de San Antonio Palopó, quienes no sabían que los hijos estaban haciendo un pleito. En consecuencia, se vio que la culpa era de los muchachos y se separó a los muchachos para que no volvieran a incurrir en falta. Todo era culpa de los hijos. Lo vi yo, el viejo Francisco, Pequeño Pacal.

En el mes de diciembre llegó el Gobernador de San Bernardino Patzum, a quien ordenó el señor don Francisco, Visitador que vino de Castilla, que mandara a trabajar a todos los pueblos por cuenta de la gobernación. Esta fue la sentencia del Visitador don Francisco.

Diego Cote Chuy fue nombrado Gobernador de los tukuchées de Patzum. Mientras tanto gobernaba a los gekaquch en Tzololá don Pedro Martín Atzih Vinak Achí, siendo Corregidor en Tzololá el señor don Carlos.

El día de Santa María Magdalena entró Francisco Caok a la gobernación de Patulul.

Año de 1591:

223. Don Bernabé Xahil y don Pedro Méndez Baqahol, Alcaldes; Baltasar Ahú, escribano; Alguaciles Mayores, Bernardino Gekaquch y Juan Carrasco Chululán.

El 93.° año de la revolución cayó en el día 7 Ah.

El día 10 Akbal nació Gaspar, hijo del difunto Joseph.

El 9 de mayo llegó aquí a Tzololá el señor don Diego Zarbate. Llegó a Tzololá el jueves a mediodía y se fue para Santiago con Niebla Chanchos Diacomano[368] o Díaz, don Juan, Alguacil Mayor, el padre fray Francisco de Figueroa, Guardián; el Corregidor don Carlos y el Gobernador Pedro Martín.

El sábado entró el señor a la casa del padre; no era una buena casa, el frío era terrible, por lo cual iban a terminar de hacerle otra casa.

Pronto comenzó el pleito de los Xahilá, a quienes hirieron don Pedro, el hijo del difunto don Francisco, el hijo del difunto Felipe y Juan Luis. Quedó *memoria* de esto, que hicieron en casa de Juan Luis los castellanos que vieron todo el

368 ¿Niebla Sánchez? Diacomano puede ser dragomán, intérprete. El nombre Niebla existía en aquellos tiempos en Guatemala. En el año de 1579 Fernando de Niebla, escribano de la Alcaldía Mayor de Zapotitlán, redactó la Descripción de Zapotitlán y Suchitepec enviada al rey por el Corregidor Juan de Estrada, que en manuscrito original se conserva en la Biblioteca Latinoamericana de la Universidad de Texas.

pleito. Alonso Rodríguez Caxeco, que acompañaba al señor Oidor, llegó el día 8 Camey y fue enseguida a enseñar al patrón lo que habían escrito aquellos señores y llevó a su jefe todos los papeles. El día 9 Queh comenzó el proceso.

El día 10 Ganel cogieron fuerza y la gente le echó la culpa al vino.[369] El lunes salió la sentencia contra el vendedor de vino y Francisco Díaz, Esteban Martín, Gregorio, hijo del Fiscal Diego Tzizlak, Juan Tum, Juan Ahxit, Ahtzalam Ahú, Felipe Zic, Martín Cruz, Andrés Rastún, Marcos Díaz, Miguel Lak, Diego hijo de Lak, y Juan Pérez Ixttamer. Tres fueron azotados, el hijo del difunto Felipe, Simón Chial y Juan Iyú, a cada uno le dieron 30 azotes en el poste y le pusieron de 4 a 5 tostones de multa. A los que no azotaron les impusieron 60 tostones y 3 tostones de costas, 23 tostones de costas, 10 tostones y 3 tostones de costas, 15 tostones y 3 tostones de costas; dieron 200 tostones y 160 tostones que reunieron entre todos. Al mismo tiempo cayó enfermo Juan Luis. Acusaron a Esteban, acusaron al mayordomo, pero no denunciaron a Caxeco.

El miércoles siguiente 22 de mayo por la mañana mandaron notificar a los señores Alcaldes y Regidores que querían pagar en diez años la cuenta de 520 tostones, 400 y 300 tostones de multa. Querían oír la notificación y entraron a continuación los maridos y las mujeres a la casa del padre para rogar al señor Oidor y dijeron los maridos y las mujeres: «No pedimos nada de la casa de Dios, señor, [al contrario] ofrecemos reverentes dar a Dios todo el ornamento.» Enseguida mandaron a las mujeres a entregar una petición de súplica de los hombres, que contenía los nombres de todos los maridos.

---

369 X-u qam ru chuga xaki x-u zuhuh ri vinak chiré vino. La expresión del lenguaje familiar de Guatemala «coger fuerza», equivalente a embriagarse, parece ser muy antigua, pues ya aparece en este pasaje del ms. cakchiquel.

La encabezaban el propio Juan Luis y los hijos del Alcalde
don Pedro Méndez que les pegó en la alcaldía. Así comenzó
el pleito, pero no encarcelaron al Alcalde, quien permaneció
en su puesto hasta que llegó el señor.

El miércoles 3 de mayo entraron a la cárcel todos los señores, el Gobernador, los Alcaldes y Regidores y todos los
calpules también a causa de la multa. Pero ni una noche durmieron los señores en la cárcel. Querían dar adentro su cargo
los señores. Se presentaron cuatro hombres que deseaban dar
su declaración. A cada uno le dieron un año y un tostón.
Esta multa les impusieron a Diego Carabah, Cristóbal Xub y
Francisco Qulum, el hijo de Uchuc. Tres años y tres tomines
de multa a cada uno. Este castigo les impuso el Oidor porque
no fueron justos en sus declaraciones. Por eso les pusieron un
año y tres tomines de multa.

Un viernes a fines de mayo devolvieron el dinero los Alcaldes y Regidores. Querían ir juntos a hablar con el Oidor
y pagar cuatro tostones de multa los Alcaldes y Regidores,
pues estaban apenados por sus declaraciones. Juntaron entre
ellos 35 tostones que fueron a pagar don Ambrosio y don
Pedro Martín y los Regidores. Deseaban pagar en un año y
dos meses porque había dado prestado para el pago el hijo de
don Pedro Solís, que era Gobernador entonces.

El sábado 1.° de junio en que cayó el día 5 Toh salió la sentencia contra los señores y los antiguos Alcaldes y Regidores.
En diez años faltaban en la cuenta 6 tostones para completar
400 tostones que pagaron los señores e ingresaron a la caja
de comunidad. Habló el señor Oidor y la pena fue de diez
tostones al Gobernador y tres años de destierro voluntario;[370]

370 El texto dice: oxi huna xteral volomtaria. La ortografía de las pala-
    bras castellanas que aparecen en el ms. es generalmente defectuosa.
    Las cajas de comunidad se establecieron al organizarse los pueblos
    indígenas con el objeto de recaudar la contribución personal desti-
    nada a sufragar los gastos públicos, civiles y religiosos.

a Ambrosio diez tostones de multa y tres años de destierro voluntario; a la mitad de los señores seis tostones de multa a cada uno y un año de destierro voluntario; y a la otra mitad cuatro tostones de multa cada uno y un año de destierro voluntario. Esta fue la sentencia del Gobernador en el pleito; la publicó el Gobernador y recogió las varas. Dio instrucciones al padre para que ayudara a los señores respecto a la pena. También ayudó al pago de la cuenta fray Francisco de Figueroa.

Se hallaba allí el Corregidor Alonso Barrientos cuando dictó la sentencia el señor don Diego Zarbate. Y mandó que ni una vez se reunieran, que ni una vez hicieran la cuenta de los tostones.

A continuación se hizo la gran justicia. Fueron azotados en la plaza pública, habló el señor Oidor y pagaron el dinero en casa del Gobernador.

Fueron a la casa de Diego Lak; 489 tostones recibieron en presencia de todos.

Hoy martes, 4 de junio, Diego Lak, Gaspar Chululán, Francisco Arana y Francisco Díaz salieron fiadores de los señores por los 409 y 100 tostones y con esta ayuda pidieron prestado el dinero a la comunidad y lo entregaron al señor Oidor.

El fiador pagó el dinero que salió de sus manos como había dicho el Oidor. Y habiéndose acabado el dinero, quedaron los fiadores obligados al pago, como dispuso el Oidor. Al anochecer promulgaron las ordenanzas ante toda la gente y se fueron todos los señores; solo quedaron el Alguacil y el Fiscal y dijo el señor que por [su] mandamiento se quedaba el Fiscal, a quien debían pagar las costas. No se contó el dinero que dieron los señores y que pagaron todos al Oficial de los castellanos; y [al otro día] temprano, después de hecho todo esto, salió el Oidor para Santa Lucía.

El jueves, faltando diez días para que terminara el mes de junio día 11 Ganel [20 de junio], murió Gaspar de mal de orina, murió mi hijo. Yo, Francisco Díaz, viejo Pequeño Pacal. Murió veintisiete días después de estar viviendo en San Juan [Naualá].

El viernes, 5 de julio, el día 13 Akbal, murió Petronila. A los quince días fue a reunirse con su hermano. También el mal de orina y la tos le atacaron a mi hija. Yo, Francisco Díaz, viejo Pequeño Pacal.

El sábado 5 de octubre, día 1 Tziquín, al anochecer, me fui arrastrando a mi casa, la casa del difunto abuelo Diego López, Pequeño Pacal. Compré, además, la casa del difunto señor don Pedro Solís. El domingo 2 Ahmak ya estaba yo en mi nueva adquisición y vinieron todos los señores principales del pueblo. Estuvieron todos reunidos para la comida y pusieron sus firmas todos los señores en las escrituras de la casa que compré, en presencia de los señores justicias, Gobernador y Alcaldes.

El 26 de diciembre se cubrió la cara de la Luna y se produjo una gran oscuridad, poco más o menos a la hora de ánimas [las ocho de la noche]. La oscuridad era verdaderamente grande y no se veía la Luna. No se distinguía para nada la superficie de la tierra, estuvo en completas tinieblas desde que comenzó el eclipse, y así permaneció hasta que se le aclaró otra vez la cara.

Año de 1592:

224. Francisco Díaz, Alcalde; Pedro Méndez, Alcalde; Bernabé Sayn, escribano; Diego López y Francisco López, Alguaciles Mayores.

Se cumplió el 94.° año desde la revolución que hicieron en Yximchée el día 4 Ah.

El día 3 se pusieron en camino todos los señores para Pangán con motivo del *rezago*. Era entonces jefe [presidente de la Audiencia] don Pedro Mallente,[371] Visitador, y fueron a pedirle justicia al Tesorero[372] con respecto al pago de los numerosos impuestos. Decían que no conocían los señores a todos los vasallos, por lo cual fueron a prisa a hacer un poder del Cabildo, según dijo el señor Fiscal. Después de haber hecho el poder aquí en el Cabildo, tocaron las campanas y enseguida entraron todos los señores, Alonso de Barrientos, Corregidor, y Gaspar de Chinchilla, escribano. Lo mismo hicieron en Quezaltenango, estando unidos así los dos pueblos en esta querella.

Este año murió mi mujer. Yo, Francisco Díaz.

Y aquí les pegué a los muchachos Laki en casa de don Ambrosio, pero yo estaba borracho cuando me capturaron.

El 1.º de junio me azotaron en la plaza por haber yacido con la mujer de Francisco Xitayul. El día 8 Ahmak hicieron justicia: ocho tostones y tres tomines de multa, y me quitaron la vara. A la mujer la azotaron. Yo, Francisco Díaz, Viejo Pacal, Pedro Rastún Xitayul, Diego Ixttamer, Diego López, Juan López, Andrés Patzán Coyol, Alonso Xitayul Vahtzay. Fueron testigos Esteban Ixhanel, Juan Haracana, Antonio Hulahuh, Alonso Xitayul y Pedro Nimachí, quienes prestaron juramento ante el Corregidor Alonso Barrientos. Los señores no intercedieron. Estos dijeron que me vieron salir de allá donde estaba.

Hoy, 16 de junio, día 11 Ey, llegó el señor don Pedro Aveto, Oidor, y se fue de regreso a los pueblos de la laguna y a hacer vista a Chuvilá y los pueblos.[373] A las cinco semanas

---

371 Mallén de Rueda.
372 Desulero en el original.
373 El doctor Pedro de Agüero, Oidor de la Real Audiencia. Chuvilá era
    el nombre antiguo de Chichicastenango.

vino el señor aquí también y se fue enseguida para Santiago. No dijo nada cuando pasó y luego se fue a Pangán a recibir una provisión. La visita que hizo a Tzololá fue tan corta que cuando llegó el señor no se detuvo para la comida.

El jueves durmieron en casa del padre, Alonso Rodríguez, escribano, el hijo de Robleto y un Esponso; juntos los tres castellanos y otros cinco que no se nombran vinieron a notificarnos, pero ya se había ido el señor.

Hacía algún tiempo que se había ido el señor cuando me enviaron los señores a mí, Francisco Díaz, ante el padre fray Francisco de Figueroa, Guardián, y fray Gabriel de Sotomayor, y entonces me dio mi vara el señor y recibió también el proceso el señor Oidor y se lo dio a Alonso Rodríguez, escribano del señor.

El viernes 17 de junio, día 12 Ah, comenzaron a reunir a las muchachas y muchachos para que los casara el señor. A 106 casó el señor Oidor.

El miércoles 23 de junio, día 4 Tihax, fue el señor a hacer una visita a Santa Cruz[374] con motivo del gran pleito que tienen allá por los hornos. Por esta razón se quedó aquí el señor Oidor don Pedro Avero para terminar todos los papeles.

Hoy, a los 30 días del mes [de agosto de 1592] del año de mil y quinientos, el día 8 Queh[375] azotaron a los muchachos Tzislaki, cien azotes recibió cada uno en el poste. Le habían pegado al Alcalde Francisco Díaz, viejo Pequeño Pacal. El Corregidor Alonso Barrientos quiso que se hiciera esto inmediatamente. Dijeron que querían apelar enseguida dando muchos tostones de multa en Pangán para que los perdonaran; pero le dieron cien azotes a cada uno en la plaza del pue-

374 Pueblo vecino a Sololá.
375 Aunque en el ms. original se lee 28 días y no se especifica el mes, el día 8 Queh de la segunda mitad de 1592 corresponde al 30 de agosto.

blo y vino a Tzololá a ejecutarlo un castellano por orden de la Audiencia. El señor Fiscal Tomás Espinosa pidió justicia contra ellos ante la Real Audiencia. Juan Luis.[376]

Año de 1593

225. Don Juan Cortés y Mateo García, Alcaldes; Esteban Martín, escribano; Pedro Hernández Cakrum y Francisco López, Alguaciles Mayores.

El 95.º año después de la revolución de Yximchée cayó en el día 1 Ah.

Don Ambrosio de Castellano quería ser Alcalde; quería salir pronto y secretamente de la Fiscalía porque veía que así le convenía retirarse de esa casa; pero como ninguno tenía intención de interceder por él, dispuso irse a Pangán a ver al padre Provincial que llamaban el Catalán, ante quien llegó muy triste por esta causa. Estaba entonces el pleito en poder del Corregidor Alonso Barrientes. Se juntaron los que estaban peleando en el pueblo y se lo mandaron a los señores por medio del padre. El Fiscal estaba cansado de la fiscalía ¡oh hijos míos! y de custodiar el proceso de que estaba conociendo, porque verdaderamente no estaba contento con esto. Así lo manifestó en una carta que dirigió al padre Provincial, llamado fray Francisco de Figueroa, Guardián entonces. Pero no le escribió las razones y no le informaba [lo que pasaba]; solamente decía que tenía deseo de dejar la fiscalía. Y dijeron al Gobernador y los Alcaldes junto con todos los señores que ellos estaban contentos con el Fiscal y que, por consiguiente, debía cumplir las órdenes del señor, con lo que se entristeció don Ambrosio de Castellano.

376 Este Juan Luis que firma la anterior anotación del *Memorial* era un vecino cuyo nombre se menciona en otro lugar.

174

[Año de 1594:]

226. El 7 de enero llevamos el dinero a la comunidad. Era mayordomo don Bernabé en la casa de la comunidad.

El 22 de enero llegó el Corregidor Alonso Esquivel.[377] No alcanzó a cumplir un año el Corregidor Alonso Barrientos. Por esta razón se entregó el proceso a los señores del pueblo. De esta manera no permitieron todos que fuera a hacerse la denuncia ante la Audiencia ni que, además, se entregaran los capítulos al Señe, Fiscal Real durante la residencia que estaban haciendo públicamente según dijo el señor licenciado Mallén, Visitador y presidente. Por tanto, cuando llegó este señor Alonso Esquivel, inmediatamente se excusó[378] Alonso Barrientos con los señores que estaban enterados de todo lo hecho. Los testigos no fueron introducidos. Los señores Vahtzay hablaron al Corregidor para que se tomaran las declaraciones. Y después que se hizo la denuncia, presenté mis testigos, quienes dijeron que yo no tenía culpa. Y juntándose los yernos y los suegros con los rebeldes del pueblo, declararon los testigos cuyos nombres son: Gaspar Manrique, Juan Luis, Diego Ixttamer, los dos hijos de Domingo Bemardino Gekaquch, Francisco Mectán, Andrés Nimapam y Francisco Ahtzalam Ahú, quienes prestaron juramento.

Gaspar reunió a estos hombres y fueron a declarar ante Alonso Barrientos. Hoy, 15 de mayo, llegué yo, Francisco Díaz, viejo Pacal, viniendo de México Tenuchtitlán con el señor fray Bernardino Cipriano,[379] Comisario, y los doctrineros fray Nicolás, Custodio, y fray Francisco dé Figueroa.

377 Xquibel en el original.
378 «Recusar» en el original.
379 Fray Bernardino de San Ciprián, Comisario General de la Orden
    Franciscana en todas las Provincias y Custodias de Nueva España,
    visitó la Provincia de Guatemala en 1593 y celebró capítulo el 28 de

Hoy, 23 de septiembre, terminó nuestro pleito por las tierras de Xevacal y Tunali, repartiéndose entre nosotros conforme a justicia.

Don Miguel López y Pablo Ximénez [Alcaldes], Esteban Martín, escribano; Francisco Chocah y Martín Chintá, Alguaciles Mayores.

El 96.º aniversario de la revolución de Yximchée cayó el día 10 Ah. Me casé aquí el día de San Simón. Yo, Francisco Díaz.

Ahora en el mes de diciembre vino el señor licenciado Francisco de Santiago.[380] Llegó un presidente en sustitución del señor Pedro Mallén. El señor no bajó [de su caballo]; fueron a saludarlo y el Gobernador quería convidarlo, pero con sentimiento de los señores que fueron a saludarlo [se marchó] solo.

Hoy, 10 de diciembre, llegó un juez a inscribir las casas en favor de la gente. Las casas de los señores fueron inscritas. Luego ordenó que el tributo establecido por el abuelo Chintá lo pagaran todas las gentes. El juez emitió una cédula disponiendo que todos los hombres llevaran [el tributo], pero no la gente principal.

mayo de dicho año en el convento de Nuestra Señora de la Asunción Sololá. Vázquez, 1937, tomo II, pág. 327.

380 El doctor don Francisco Sandé, Oidor de Nueva España, llegó como Visitador a Guatemala en 1592 y se hizo cargo de la presidencia en 1594. Este párrafo y el siguiente proceden del folio 9 del ms. original.

Año de 1595:

227. Francisco Díaz y Pedro Méndez, Alcaldes; Esteban Martín, escribano. Diego López y Francisco López, Alguaciles Mayores.

El 97.º aniversario de la revolución de Yximchée cayó el día 8 Ah.

Hicieron aquí la campana, la gran campana, fray Juan Martín.

Hoy, 20 de junio, entré a la cárcel, yo, Francisco Díaz. Me embriagué yo y se embriagó mi mujer. La mujer de Sebastián Tuchín se presentó ante el padre fray Juan Martín. Mi mujer, que también se había embriagado, se presentó ante el Corregidor Antonio de Morales. Llegó también ante el Corregidor la mujer del Mayordomo. «Sintiendo la tentación del pecado no traje mi ropa», dijo la mujer.

Me embriagué y me puse a hablarle alegremente al Corregidor. Entré en la cárcel el día 8 y presenté un escrito. Estuve en la cárcel 57 días y me quitaron la vara [de Alcalde]. La pena fue de seis meses de destierro y un año de destierro voluntario y 35 tostones y 2 tomines pena de costa. Presenté los siguientes testigos: el Mayordomo Francisco Xanba, Benito Iq, Francisco Qotuk, Baltasar Muum, Diego Felipe, Martín Cruz y Francisco Qulpatán. Estos eran los únicos con quienes me junté cuando entraron a la cárcel para hacer la averiguación. A Bernabé Xahil lo mandaron a declarar en el proceso, pero se incomodó y lo metieron a la cárcel. Denunciaron lo que le habían hecho los hijos a una mujer casada, pero no dijeron que hubieran hecho uso de la fuerza. Así enviaron gente a tomar parte en el proceso, pero sin aconsejarles que intercedieran [por nosotros].

A mi cuñado Gaspar Pacob y a Juan Ixquiá los multaron en dos tostones. A Esteban Martín no lo desterraron. Entró también en el pleito el defensor. Esto nos pasó a los dos nosotros. Todos los señores se ocultaron y no intercedieron [por nosotros]. Yo, Francisco Díaz.

Hoy, dos días después del día de San Bartolomé, llegué a San Miguel Popoyá. Yo, Francisco Díaz.

Diez días más tarde, uno de los Alcaldes fue herido por el rayo, otros diez días después cayó un rayo sobre la iglesia y el retablo.

Hoy, 25 de septiembre de 1595, nació mi hijo Gaspar estando yo, Francisco Díaz, aquí en San Miguel Popoyá. fray Francisco de Santo Domingo le echó el agua del bautismo.

El Fiscal Juan de Rosas y Juan, hijo de Juan López, en compañía, compraron dos de mis caballos, uno que le había yo comprado a Martín, el mozo de don Carlos, que estaba de mandador de la casta de Francisco Coroy y la casta de Pedro Sánchez.[381]

En el mes de diciembre se comenzó la gran campana de Tzololá con licencia de la Audiencia; mil tostones se sacaron de la comunidad para hacerla.

El lunes, 9 Toh, día de la Exaltación [14 de septiembre], nació Gaspar; dos semanas después [era la fiesta] de San Miguel.

381 Esta es una traducción aproximada de la frase del original, compuesta de voces indígenas y palabras castellanas deformadas: qo chi manderoso ru casta Francisco Coroy ru casta P° Santez.

Año de 1596:

228. Francisco Díaz, don Pedro Méndez y Juan Cortés, Alcaldes; Jerónimo de Paz y Juan Tzutuh, Alguaciles Mayores.

Se cumplió el 98.º aniversario de la revolución de Yximchée el día 5 Ah.

Estoy en Popoyá.

Miguel López entró de Alcalde.

Año de 1597:

229. Don Bernabé [Xahil] y Bernabé Sayn, Alcaldes; Diego López y Cristóbal Batzín, Alguaciles Mayores.

El 99.º año de la revolución de Yximchée cayó en el día 2 Ah.

Nació aquí Petronila, hija del difunto Juan Chial, el día 13 Toh.

Hoy, jueves 3 de septiembre, tres días antes de la fiesta de la Natividad de Santa María, se oscureció la faz del Sol y entró verdaderamente la noche siendo de día. Permaneció así y se aclaró un poco después de estar de esa manera, y brilló completamente. Por espacio de dos horas hubo plena oscuridad.

Año de 1598:

230. Don Pedro Méndez y don Juan Cortés, Alcaldes; Diego Maldonado y Jerónimo de Paz, Alguaciles Mayores.

Se completaron 100 años de la revolución de Yximchée el día 12 Ah.

El 17.º día de cuaresma se escondió la Luna poco antes de media noche, se apagó y no volvió a aparecer hasta que se presentó como una estrella; luego se escondió de nuevo. Estuvo así verdaderamente hasta que se iluminó una parte y vino después en toda su magnitud mostrándose a la vista de todos.

Hoy, sábado 20 de abril, día 1 Tziquín, llegué aquí a Santa María Asunción Tzololá, yo, Francisco Díaz. Don Ambrosio [de Castellano] vino a hablar conmigo cariñosamente en cuanto llegué. También se mostraron contentos los señores del pueblo y se juntaron don Ambrosio, Diego Benito y Juan Tzutuh en la casa común. Se juntaron y dejaron a un lado las disensiones y el pleito; solo querían hacer un préstamo porque no había tostones en la caja común. Hablaron hasta la noche y se enfadaron los de la casa. Fueron ante el Corregidor. Luego le pagaron dos tostones a don Lorenzo, con quien estuvieron conversando; le hablaron y le dieron un poco de leña y dos sacos de mazorcas de maíz. Esa noche hablaron con el padre, pero no dieron a conocer con qué objeto, así es que no tuvo la culpa el padre. Ciertamente revolvieron la casa, pero no encontraron dinero. Así informaron al Corregidor y a don Lorenzo le dijeron: «No te aflijas. ¡Vete a Bocó!»

Hoy, 8 de junio, venimos aquí a San Juan de Naualá.

Hoy, en vísperas de San Miguel, el día 3 Can,[382] fui a Naualá. No era posible contar la cantidad de carne, piezas de cacería y pescado que llevaban en medio de mucho lodo [de los caminos].

El día de San Miguel era celebrado en Tzololá y en Panajachel; las gentes se iban allí desde sus casas y los campos; llegaban en gran cantidad. Celebraron trece días después, se

---

382 Achí oxi Can. El varón 3 Can, pintoresca denominación de los días del calendario indígena. Los indios personificaban a los días y les atribuían influencia decisiva en la suerte de cada uno.

reunieron el día 3 Tihax, lo celebraron de nuevo; y otros trece días más tarde, el día 3 Batz, volvieron a celebrar.

Un gran aguacero cayó sobre todas las milpas, una lluvia espesa que comenzó el día Tziquín.

En San Lucas[383] nacieron dos pollos de Castilla con cuatro patas; los dos andaban y los dos tenían partida la cola.

Todo el pueblo se dedicó a lavar, hombres, mujeres y niños.

Año de 1599:

231. Don Miguel López y Pablo Ximénez, Alcaldes; Francisco Oo y Francisco Batzín Chocohay, Alguaciles Mayores.

En 1599 se cumplió el 101.º aniversario de la revolución de Yximchée, el día 9 Ah.

Murió el señor don Felipe, Rey de Castilla y Emperador.[384] Vistieron todos de luto, hombres y mujeres, de negro vistieron todos.

Hoy, domingo 27 de junio, el padre fray Bernal Díaz comenzó un pleito aquí en San Juan de las Flores. Era Alcalde Mayor don Carlos. Pero no le dijo misa al Alcalde Mayor. Vino un padre de San Antonio, pero no le dieron los ornamentos, por lo cual se encolerizó el Alcalde Mayor y le arrojó el sombrero por la cara al padre. Los castellanos los separaron.

El día 2 Ahmak que cayó en 7 [de julio] llegó el padre franciscano fray Juan de Mendoza, quien dijo la misa. Enseguida llegó el Alcalde Mayor a hacerle la visita.

El 20 de agosto llegó el padre, al tercer mes de la llegada del Alcalde Mayor, e hicieron las paces y se acabó el pleito.

383 San Lucas Tolimán, pueblo del Lago de Atitlán.
384 El Rey de España, Felipe II, murió en 1598.

181

En septiembre, el gran día de la Exaltación de la Santa Cruz, llegó el Alcalde Mayor. Enseguida azotaron al trompetero; treinta azotes le dieron en la plaza de San Antonio, porque no lo fue a encontrar lejos para saludarlo y porque había ayudado al padre en el pleito. El Alcalde Mayor quería que la gente no le diera ayuda al padre. Eso quería el Alcalde Mayor.

Se fue para México el señor Baltasar Abaunza; se fue en virtud de orden de Castilla a consecuencia de los desórdenes que causó con motivo de la residencia, por los cuales fue echado de Pangán. Varios años había estado entre los castellanos.[385]

Hoy, lunes 21 de diciembre, en vísperas de Santo Tomás, murió Gaspar Vukú Tihax.[386] Murió el día 9 Ah. El día 6 Tzíi le entró un poco de calentura, al tercer día arrojó sangre y enseguida murió. Comenzó a arrojar sangre durante la misa y por la tarde de ese día murió. Aquí en San Juan de Naualá enterré a mi hijo. Yo, Francisco Díaz.

Para que todos los recuerden dejo aquí los nombres de todos los que se fueron, a los que llamó Dios y también la Señora Santa María que está en el cielo: María, Gaspar, Catalina, Jerónimo, Pedro Gaspar. 1600. María, hija de María, hermana de don Juan. 1604. La hermana de Gaspar.

El 23 murió la madre. Aquí haré mi trabajo: nombraré aquí en San Juan a los cuatro hijos y a las madres que los die-

385 El licenciado don Alvar Gómez de Abaunza, Oidor decano de la Real Audiencia, se encargó de la presidencia el 6 de noviembre de 1596. Su sucesor y juez de residencia fue el doctor Alonso Criado de Castilla, Oidor del Perú.

386 Vukú Tihax, 7 Tihax, día del calendario, debe ser en este caso el nombre indígena de Gaspar. Las dos fechas que da el texto a continuación, el 6 Tzíi y el 9 Ah, distantes tres días entre sí, se coordinan perfectamente.

ron a luz: Catalina Nimapam, Catalina, la hija del difunto Alonso de Paz, Magdalena Xitayul. Francisco Díaz.

Cuaresma

Vinieron a hacer un Capítulo:387
232. Esteban Martín demolió la casa del difunto Juan de León, hijo de español, según decían.

Quisieron herir a Lañas estando ebrios; los castigaron y se encolerizó el hijo del Regidor Jerónimo de Paz y lo encarcelaron.

Hoy, 4 Noh, murió mi hijo Francisco, aquí en San Juan. Para la túnica 6 tostones, su valor; 1 tostón de limosna, 2 tomines para la candela; 2 tostones de ayuda al señor. Tuve un gran pesar en mi corazón. Yo le había dicho a su madre que yo haría el trabajo, que yo haría la obra. Yo, Francisco Díaz.

Murió mi hija María, aquí en San Juan. Año de 1605.

Murió hoy también Magdalena Francisca Díaz, también hija mía. Yo, Francisco Díaz.

Escuchad mi historia ¡oh hijos míos! No la borréis de vuestros corazones ¡oh hijos míos!

Año de 1619. Estuvieron aquí los tres. Pedro Mesía.

Jerónimo Gómez, Regidor Ykomagi; Gaspar Chibal, Alguacil Mayor; Lucas Tukuchée, Alguacil; Diego Chok, Alguacil.

El martes, 5 Tziquín, murió Magdalena, hija de Francisco Díaz.

387 Los padres franciscanos celebraron capítulo en Sololá en diciembre de 1599.

Año de 1600:

233. Hoy, 20 de enero, llegué aquí a Tzololá. Yo, Francisco Díaz.

Esteban Martín y Francisco Arana, Alcaldes; Francisco Xitayul y Agustín Pérez, Alguaciles Mayores; escribano Baltasar Ahú.

El 102.º aniversario de la revolución de Yximchée cayó en el día 8 Ah.

Vino el proceso del Alcalde Ahú de San Jorge, por adulterio. Le quitaron la vara y lo obligaron a la pena de costa. Estuvo tres años sin cargo. A los cuatro días entró otro en su lugar. Lo sacó el padre fray Simón.[388] No hubo cambio en nosotros los Alcaldes. Por ser culpable le quitaron la vara y luego hicieron justicia de orden del Rey. Como el Gobernador era indio, no le gustó. El Corregidor quería que el padre sacara el proceso y que tomara la vara el Alcalde Ahú.

El día de la Asunción de Santa María cometió adulterio la mujer de Manrique con Esteban.[389] Estuvieron [juntos] treinta días. El día 10 Ah vine yo. El 2 Qat se fueron al campo. Yo vi a mi hijo en la milpa. Nadie les vio la cara a ellos. El padre [de la mujer] llegó a quejarse, venía solo con Martín Qulpatán. Desocuparon la casa y sacaron la leña que habían comprado mi cuñado, mi hermana y mi madre. Fue un gran pesar para mí, Francisco Díaz.

Ahora en el mes de abril, el día 7 Ganel, invité a todos los señores a comer aquí en San Juan.

---

388 Podría ser fray Simón de Fresneda, que fue Guardián del convento de San Francisco de Guatemala en 1586 y se trasladó a Comayagua en 1606.

389 Era uno de los hijos del autor Francisco Díaz.

El 10 del mismo, día 5 Caok, fui a consolarme a la iglesia. Cuatro alguaciles llegaron a acompañarme cuando entré a la iglesia junto con los señores y entre toda la gente, entre ellos Pedro Xibalbay. Francisco Díaz.

En la Pascua de Navidad quisieron matar a la hija de Pocob por haberse embriagado en la casa de Esteban Martín.

Hoy sábado, 16 de junio, o sea el 9 Ymox, vieron a María y a su amado niño; llegó a la mesa donde amasan. Era la imagen de Santa María. Enseguida fueron a traer a San Melchor para que jugara [con el niño] a las casitas. Fueron a arrodillarse ante la imagen y se arrodillaron también los niños. Nosotros también nos arrodillamos.

Al día siguiente contamos la historia de la gracia que recibimos. El corazón no nos dejaba hablar cuando se fue el niño en brazos de San Melchor. Eran las siete de la noche cuando fue favorecido nuestro corazón. Yo, Francisco Díaz. Nos juntamos 21 personas para ver a María.

Hoy, 2 de agosto, el Gobernador fue a entregar a Xincú el terreno con que me favoreció mi difunto abuelo Diego López, en Pacbacum. No me dolió la noticia del terreno. Yo, Francisco Díaz.

Enseguida fue a entregar [su terreno] a la familia Qulpatán Pérez. Igual cosa hizo con el solar del difunto Juan de León. Todo esto no fue hecho con rectitud ni justicia. Así también pagaron por el barro seis tomines que les quitó Tzutuh. Y al Gobernador le pagaron también.

Año de 1601:

234. Don Ambrosio y Pedro Méndez, Alcaldes; Diego Ixpal y don Pedro, escribanos; Esteban Martín, Alguacil Mayor.

El día 5 Ah se cumplió el 103.° año de la revolución de Yximchée. El día 3 aparecieron unos señores que vinieron a preguntar dónde estaban los animales que tenía fray Simón.

El domingo me picó el escarabajo ponzoñoso. El domingo, 1 Hunahpú, tuve dolor.

El día 3 Hunahpú, que fue viernes [5 de septiembre de 1601], se cumplieron setenta años de la llegada de los castellanos. Solo un mes [más tarde] comenzamos el pago [del tributo], que luego fue subiendo.[390]

Hoy pasó el Fiscal Real para San Miguel.

Hoy, día de los Santos, tuvo lugar una riña entre Francisco y el Ahpop, quien lo hirió con un machete.

En el mes de octubre de seiscientos y un año comenzó la mortandad a causa de una epidemia que atacaba la garganta de mujeres y hombres [que morían] en dos días.

Año de 1602:[391]

235. Don Juan Cortés y Pablo Ximénez, Alcaldes; Esteban Martín, escribano; Alguaciles Mayores Francisco Chiroy y Juan Nimapam Ahí.

El 104.° aniversario de la revolución de Yximchée cayó este año en el día 2 Ah. Este es el año 1602.

---

390 Setenta años cakchiqueles, equivalentes a setenta y seis años y 260 días del calendario español. El cálculo del analista indígena es ligeramente corto. En septiembre de 1601 habían transcurrido setenta y siete años y cuatro meses desde la llegada de los españoles a Yximchée.

391 Pág. 8 del ms.

En el mes de febrero, un lunes, 12 Akbal, nació mi hija, a quien llamamos María. Yo, Francisco Díaz.

Vino aquí un juez a notificar al Gobernador una queja de los castellanos. En todos los lugares respondieron al Gobernador que estaba bien, y eso dijeron todos los señores aquí en Tzololá.

Hoy, 9 de marzo, día 13 Akbal, llegó el señor Obispo fray Juan Ramírez[392] a hacer las confirmaciones, bendijo todas las imágenes y bendijo las cuentas.[393] A los tres días, el 3 Camey, se fue para Santiago.

Ahora a fines de mayo tuvimos un pleito a causa de mis hijos y la hija de los Zimahi. «Le vendieron tu hermana a Cristóbal», dijeron. A consecuencia de esto comenzó el proceso el Gobernador don Ambrosio, y por mala voluntad hacia mí me metieron a la cárcel de orden del Corregidor don Jerónimo. Luego me condenaron por San Antonio a dieciocho días de prisión que debíamos sufrir los dos, mi mujer y yo, pero sin que pudiéramos estar juntos. Me hicieron pagar 20 tostones y la deuda de la difunta abuela de aquéllos por cuenta de un huipil, y a Antonio Jovel que dio el dinero que se gastó en las diligencias. Yo, Francisco Díaz. También pagué 20 tostones que se debían por cuenta de los huípiles de la abuela, 5 tostones por cuenta de las enaguas negras de María Ana; por todo 65 tostones.

Hoy, 10 de agosto, hicieron gran celebración con motivo de haber nacido una hija del señor Rey, y se dieron gracias a Dios por todo el pueblo.

392 Fray Juan Ramírez de Arellano fue Obispo de Guatemala desde 1601 hasta su muerte, ocurrida en 1609.
393 X-utziriqax cuentas, probablemente los rosarios.

Año de 1603:

236. Don Ambrosio y Esteban, Alcaldes;. escribano Francisco Juvez; Ahxit Chocohay, Alguacil Mayor.

El 105.º aniversario de la revolución de Yximchée cayó en el día 12 Ah. En este año de 1603.

Año de 1604:

237. Don Pedro y Cristóbal, Alcaldes, año de 1604. Don Ambrosio y Pedro Méndez Zoqom Chocoh Xahil.

En el mes de abril, el día 4 Tihax, nació mi hija Mariana aquí en San Juan. Yo, Francisco Díaz.

Rahoh Achí Pacal Ahín, Rahob Achí Chinta, Rahoh Achí Coxol, Rahob Achí Bixcul, Rahob Achí Ah Xibalbay, Rahob Achí Zinah, Rahob Achí Balam Chopez.[394]

Los matrimonios del autor:395

238. Yo, Francisco Díaz, año de 1583, día de San Simón. Hoy me casé con la hija[396] del Atzih Vinak Baqahol.

Yo, Francisco Díaz, año de 1594.

Hoy me casé con Magdalena Xitayul, también en el día de San Simón. Todos los señores se juntaron en la casa grande Xitayul.

---

394 Aunque el texto no indica el objeto de esta enumeración, puede entenderse como una lista de indios nobles de Sololá que llevaban el título de Rahob-Achí, equivalente al título quiché de Rahpop Achí, que aparece en el *Popol Vuh*.

395 Este es un extracto de la noticia que da Francisco Díaz acerca de sus matrimonios en la pág. 91 del ms.

396 La hermana, se lee en el párrafo 215.

1600. Hoy, 28 de junio, día 3 Iq, me casé con María, hija
del difunto don Cristóbal Rubio. Tuve que rogar a su madre
porque su hermano no quería que llevara a cabo [el matrimo-
nio]. Sin embargo, nuestro gran padre fray Simón, Guardián,
y fray Juan Trejo lo practicaron ante dos testigos.

239. Aquí están los Moxín de Palopó,
los guardianes de la guerra.
Allí, de en medio de la guerra,
de Lakam Abah,
y de Pa Chi-Tulul venían los guerreros.[397]
Antiguamente llevaban sus mensajeros
pescados y cangrejos a Yximchée,
antiguamente.
Llevaban para los festines
calabazas de pescado,
calabazas de cangrejos,
sacos de chile y de frijoles
para los señores.
(Ms., pág. 90.)

Memoria de la ayuda que han dado al pueblo las gentes de
Bocó y las de Ruyaal Chay y las de Chichoy y las de Patulul:

240. Los de Bocó una gallina grande y cinco cacaos,
aquí se ve la verdad.
Los de Ruyaal Chay un tostón de plata,
nada de cacao, pero sí cigarros.
Los de Chichoy cinco tomines de plata
pero tampoco cacao.
El viejo abuelo Diego dos tomines de plata
y un tomín de cacao.

397 palopó, Lakam Abah y Pa-Chi-Tulul (aldea del pueblo actual de San
Lucas Tolimán) son lugares del litoral del Lago de Atitlán.

Los de Ziziyá y los de Paziqayá
cinco tomines de plata trajeron primero,
una gallina grande y una de la tierra
y cuatrocientos cacaos la segunda vez.
Vinieron a dejarlos Juan Pérez y Pedro Pérez.

Hoy, a los cinco días del mes de enero de 1564 vino toda esta ayuda, por lo cual dejamos constancia para que no se pierda el recuerdo de la valiosa ayuda que dieron al pueblo. Aquí se verá quiénes no dieron ayuda, y para que no se extinga la noticia queda aquí a la vista de los señores de la comunidad. Por lo cual asentamos nuestras firmas
Yo Francisco Díaz,
Juan de Guzmán, viejo Pacal,
jefe de la parcialidad.[398]

Esta es la relación de nuestra descendencia:
241. El primero de nuestros abuelos fue el llamado Pacal Balam. Este engendró tres hijos: el primero era el Pacal Tohín, el segundo el Pacal Ahmak y el tercero el Pacal Queh.

El Pacal Tohín engendró al Pacal Hunahpú. Del Pacal Hunahpú salió Francisco Quechelah.

El Pacal Akmak engendró al Pacal Ahín. Del Pacal Ahín salió Diego Méndez, jefe de la parcialidad.

398 Se incluye esta enumeración de lugares, que aparece en la pág. 91 del ms., por los nombres geográficos que contiene, algunos de los cuales se conservan hasta hoy. Han sufrido cambio los siguientes: Bocó es actualmente Chimaltenango, cabecera de departamento; Ruyaal Chay, San Andrés Itzapa; Ziziyá, Patzicía. Paziqayá podría ser el actual Pixcayá. Todos estos lugares pertenecen al Departamento de Chimaltenango.

El Pacal Queh engendró al Pacal Queh.[399] Del Pacal Queh
salí yo, el abuelo Diego López.

El Pacal Ahín entró a la dignidad de Ahpop Achí; era el
abuelo de Diego Méndez.

El Pacal Queh y el hermano menor del Pacal Ahín entraron al cargo de caciques. [El primero] fue mi abuelo. Yo,
Diego López.

Mientras tanto gobernaba Oxlahú Tzíi con los grandes varones Xitayul Qatú, y los grandes varones Chopená Balam;
asimismo los grandes varones Pacal Balam, el gran Pacal
que descendía de Oxlahú Tzíi; y los cuatro grandes hombres
que fueron los que eligieron después al Pacal Ahín y al Pacal
Queh. No hicieron ninguna revuelta y todos eran del mismo
sentir respecto a la parcialidad. Reuniéronse los sobrinos y
los nietos de donde proceden las familias de Ahmoxnay y
Cavec antes de la destrucción de los tukuchées.

El Pacal Hunahpú engendró al Pacal Tata Tziquinahay. La
parcialidad quería elegir como jefe al Tata Ixtziquinahay.

El Rahob Achí Pacal engendró al Pacal Tata Ah.

El señor principal Pacal Queh engendró al Pacal Akbal.

Gobernaba Hunyg cuando elevaron a señor principal al
Pacal Tata Ah y al Pacal Tata Ixtziquinahay que llegó a ser el
Ahpop de la parcialidad.

El Pacal Akbal engendró al Pacal Moxín.

Gobernaba Cablahuh-Tihax don Jorge con Diego Hernández Xahil y don Pedro de Robles, don Pedro de Solís, don
Juan Juárez y don Martín Galé Xahil cuando hicieron señor
principal al Pacal Moxín.

399 Este es probablemente un error. Más adelante se indica que el hijo del
    Pacal Queh fue el Pacal Akbal, y esta noticia se confirma en la pág.
    16 del ms., cuya traducción se lee a continuación de esta parte.

El Pacal Tata Ah, que fue engendrado también por el Pacal Ahín, fue a traer a las tribus y fue el padre de Diego Méndez, jefe de la parcialidad.

El Pacal Moxín engendró al Pacal Can. El Pacal Can engendró al Pacal Tziquín.

Estaban al frente del reino los Geqacuchi cuando hicieron señor principal al Pacal Tziquín. Ciertamente, el señor don Ambrosio y Diego Hernández Xahil hicieron señor principal al Pacal Tziquín.

(Ms., pág. 5.)

Esta es la relación de los descendientes de nuestros abuelos:

242. Así, pues, haré la relación yo, el viejo Diego López, Pequeño Pacal, de cada grupo de los descendientes y nombraré a los abuelos que ya están enterrados y a los que están vivos todavía.

En nuestra relación el Pacal Queh es el primero de nuestros abuelos; el Pacal Vukú su hermano menor.

El hermano menor del Pacal Vukú fue el Pacal Camey. El hermano menor del Pacal Camey fue el Pacal Ahmak.

El hermano menor del Pacal Canux[400] fue el Pacal Vuchum Ahín.

Esta es la descendencia de nuestros abuelos: seis fueron sus descendientes.

He aquí su gobierno: dos Ah Tzalam, dos Qulpatán, quienes se entendían con cada grupo de descendientes.

---

400 Este Pacal Canux interrumpe la serie, y como este nombre no vuelve a presentarse en la genealogía de la familia, y el nombre del Pacal Ahmak es el que debía aparecer en este lugar, es posible que haya habido en esto un error de copia.

Así, pues, agruparé a los descendientes de nuestros abuelos.

He aquí al Pacal Akbal, hijo del Pacal Queh. Estos son sus hermanos menores: el Pacal Tziquín Zomoq, el Pacal Queh Zomoq y el Pacal Ganel. Los cuatro salieron del Pacal Queh.

El Pacal Akbal entró al rango de Qulpatán por Xitayul Tatá Tzián. El Pacal Ganel [entró] al de Galachú Tacatic.

El Pacal Moxín era hijo del Pacal Vukú.

Yo, el viejo Diego López, yo soy hijo del Pacal Akbal.

Somos cinco los hijos del Pacal Akbal: Alonso Queh es uno de mis hermanos menores; Pedro Iq es otro de mis hermanos, Juan Pérez Nimá Qamahay y Cristóbal Queh. Así, pues, somos cinco sus descendientes.

El hijo de Zomok Queh es Diego Noh.

Los hijos del Galachí Tacatic son Francisco Ganel y Francisco Ahmak; dos hijos engendró el Galachí Tacatic.

Este es el hijo del Pacal Moxín: Francisco Ahín Ah Tzalam. Mi hijo es Pedro Can.

El hijo de Alonso Queh es Baltasar Noh.

Los hijos de Pedro Iq son Juan Moxín y Francisco Batzín; dos son sus hijos.

El hijo de Juan Pérez Nimá Qamahay es Gaspar.

Los hijos de Cristóbal Queh son Bernabé, Sebastián, Gaspar y Baltasar; cuatro son sus hijos.

El hijo de Diego Noh es Diego Zomoq.

El hijo de Francisco Ganel es Cristóbal Tziquín.

El hijo de Francisco Ahmak es Francisco Qulpatán Camey. El hijo de Francisco Ah Tzalam es Juan Qulpatán.

El hijo de Pedro Can es Francisco Díaz, mi nieto.

Yo, Diego López, Pequeño Pacal.

Por lo tanto, hago esta relación de nuestra estirpe y descendencia el viernes a los diecisiete días del mes de abril.

(Ms., págs. 15, 61.)

Esta es la descendencia:

243. La estirpe de nuestros antepasados Pacal Balam tuvo su origen en la antigua Chicohom. Así también el Pacal Balam vivió en Chiavar. De allá se fueron y llegaron a Xechituh.

Estaban el Pacal Ahmak y el Pacal Queh, los hijos del Pacal Balam, allá donde murió su padre, y partiendo de Xechituh llegaron aquí a Tzololá. Separáronse después de su padre al pie de la montaña que custodiaron muy bien y donde vivió el Pacal Ahmak.

Después estuvo allí también el Pacal Queh, viviendo en Xepizlictoy arriba de los barrancos. Conferenciaron entre sí e hicieron concierto para vivir juntos los dos uniendo allí sus corazones. Se fueron arriba de Chumilyá y al cerro de Nachay. De esta manera vivió nuestro abuelo llamado Qebut; así también vivió en Xeynup uno de nuestros abuelos, vivió allí el abuelo Coxol, cuidando el pie del cerro estuvieron los llamados Ahruchihay y Ahruchiqam en el nacimiento de nuestra raza, cuando los llamaron los cakchiqueles, los zotziles, los akahales y los tukuchées.

El Rahob Achí Pacal custodiaba el camino real, el camino del pueblo. Así también fue muerto el Pacal Queh a quien hirieron a machetazos los quichés.

Entonces entró el Pacal Vukú al cargo de Ah Tzalam. Y después hicieron sus edificios, el que ahora se llama Ruvizak; pero no lo hicieron solos los Geqakuch, Baqahol y Cachpochel. Las flechas, la fortaleza le llamaban los cakchiqueles, zotziles, tukuchées y akahales.

Cuando entró el hijo del abuelo Pacal Ahín al rango de Ahpop Achih en la tierra de Pazaquí celebraron consejo.

Entró Pacal Noh y cuando murió Pacal Noh entró Tetzau Iq al cargo de Ahpop Achí.

Entró también Chintá Choo al cargo de Ahpop Achí. Y cuando él estaba llegó Tunatiuh; cuando estaba Chinta Queh entre nosotros llegó Tunatiuh.

Chintá Choo y las abuelas estaban en su casa y vivían sufriendo. Esta es la descendencia de nuestros abuelos.

Así, pues, gobernaba Oxlahuh Tzíi con Hunyig y con Tata Ixtziquinahay que estaba con el Pacal Tata Ah y el Pacal Queh cuando llegaron los señores Pacal Vukú y Pacal Camey.

Después que vino Tunatiuh, Xitayul y Tata Tzián gobernaban con Oxlahuh Tzíi; nuestros abuelos no fueron oídos por Tunatiuh.

Esta es la descendencia de nuestros abuelos.

También con el Pacal Vukú gobernó Belehé-Qat, llamado Tzayá Qatú. Y después que él salió, llegó don Jorge y se dirigió a su casa a recibir a Tata Ixquhay que llegó de Chixot.

El Galel Xahil estaba en la casa del Pacal Akbal y Pacal Canox porque no había pleitos ni envidia en sus corazones. En verdad ésta es la parcialidad de los señores, nuestros antepasados Ah Chigag, Ah Pahay, sus descendientes los Ah Tzi, Ah Chah en casa de sus abuelos.

El gran Pacal Ahín comenzó a pagar el tributo a Tunatiuh, pero los señores no se encolerizaron ni sintieron rencor.

(Ms., pág. 7.)

Testamento:

244. Este es mi testamento, yo el viejo Diego López, Pequeño Pacal. Esta es mi voluntad que dejo hecha para vosotros mis hijos, para vosotros mis hermanos, para que así no deje de cumplirse mañana ¡oh mi Dios, mi Señor!

Dejo en herencia mis tierras menos las que he vendido y de las que me he deshecho. Por consiguiente, dejo consignada mi voluntad y de qué manera debe ejecutarse. Al señor llamado Pacal Iyú y el llamado gran Pacal Camey que los reciban mi hijo y el hijo del difunto Francisco Ahín. A uno de nuestros viejos llamado Pacal Ahmak Qulahay y a otro que está allí en Xetzak dos tierras de siembra y la tercera tierra de siembra de la laguna seca. De esta manera son tres las tierras de siembra que recibirán los descendientes del difunto Francisco Ahtzalam.

Mi hermano Cristóbal Queh recibirá el terreno y el Pacal Camey y el Pacal Canux las dos casas viejas dentro del terreno grande. Asimismo otro de nuestros viejos también Pacal Camey recibirá de Francisco Batzín el terreno grande de Pachacún.

Así también recibirá Juan Moxín dos tierras de siembra en Xequixalá Chimayeval. Recibirá también en herencia el terreno.

Recibirá también Gaspar, hijo del difunto Qamahay, dos tierras de siembra de Qixalayá, desapareciendo el mojón común de Ixpantzay. Así también recibirá dos tierras de siembra Baltasar, hijo del difunto Alonso Queh. Igualmente recibirá dos tierras de siembra Diego Zomoc con el mojón común de Raxtún.

Tomará Cristóbal Tzic, colindando con Cristóbal Queh, una tierra de siembra sobre el camino real. Así también [tomará] el viejo Pacal Queh la barranca que colinda con Chinta y que colinda con Nimakhay Matzar. Las casas viejas serán para nuestro nieto Vuchum Ahín.

Recibirá igualmente una tierra de siembra mi nieto Francisco Díaz. También les tocarán a mis nietas mujeres los tres terrenos que están sobre la gran milpa comunal y que colindan con Chiquichá, los cuales serán para mis hijas, las tres mujeres, a quienes se los doy.

Y en cuanto a la tierra de que se saca el yeso es costumbre que la tomen como tierra de labranza; y para que no haya disensiones os digo que solo dejo en herencia mi tierra a todos los que no hayan comprado tierras.

(Ms., pág. 10.)

Las tumbas de los antepasados:

245. Esta es mi memoria de las tumbas de nuestros antepasados cuyo recuerdo no ha desaparecido, solamente las tumbas.

Estas son las tumbas de Qomuyuc Tata Queh y Pacal Camey, vecinos de Zakbín, vecinos de los dos terrenos de siembra de Qolón.

Esta es la tumba de Qomoyuc Tata Tzutuhil, vecino de Zotz, vecino de Xincú, vecino de Ragag.

Esta es la tumba del difunto abuelo Qulahay y de Qulahay Tzián, el hijo mayor del difunto abuelo Qulahay, vecino también de Xincú, vecino de Zaquil, vecino del llamado Tata Noh.

He aquí las tumbas del Pacal Camey y el Pacal Canux, que lindan con Ixmaleh y lindan con Tecumat Iq y lindan con Tecumat Tata Can.

Esta es la tumba del difunto abuelo Vuchumanel y Bahán Coktí. El abuelo Vuchumanel es vecino también de Xitayul Tata Tzián, vecino de Zotz, vecino de Tunal Tata Ganel.

Esta es la tumba de Qomuyuc Tohín, vecino de Tucumat Yaua, Qotuk Balam y el Pacal Ixtziquinahay de Chuxó.

Esta es la tumba de los Xulumatat, Xulumatat Batzín y Xulumatat Gatú de Chakayaal Ixpón y el Pacal Tata Ixtziquinahay de Tzala.

Cuando ellos vivían reinaba Oxlahuh Tzíi en Yximchée sobre el Ratzamut con los grandes varones Xahil y los grandes varones Chopená Balam y los grandes varones Xitayul Qatú y los grandes varones Pacal Queh, nuestros abuelos.

De este modo los habitantes de los campos, los habitantes del pueblo, son ahora polvo entre las paredes de las tumbas. Sus rostros están ahí, pero su recuerdo no ha desaparecido y por eso escribo mi memoria. Yo, Diego López, Pequeño Pacal, el viernes, a los diez días del mes de abril.[401]

(Ms., pág. 12.)

246. Yo don Pedro Elias voy a escribir en este papel en la ciudad de Santa María Asunción Tecpán-Atitlán de la Real Corona, hoy 17 de febrero del año de 1584 años, y en el año siguiente a aquel en que cambiamos la cuenta de los años dejando de contar diez días que no transcurrieron, cuando celebrábamos el día de Nuestra Señora Purificación Candelaria.[402] En el año también en que murió el difunto don Pedro de Solís, que fue Gobernador hace tres años, siendo Alcaldes Pedro Ramírez Findor y Pablo Hernández, y estando también aquí fray Diego Martín con fray Juan de Mendoza y nuestro padre fray Juan Martínez, Guardián, que vino de Pangán.

Cuando murió don Pedro de Solís escribieron inmediatamente todos los señores Xahilá, todos los ancianos hicieron sus papeles, su poder, que fueron a entregar a nuestro padre fray Juan Martínez y no quisieron que entrara don Ambrosio a la gobernación.

Todos los Xahilá, Diego Hernández Ma Xahil, don Juan Hernández hijo del difunto don Jorge. Don Miguel López, Galé Xahil, el difunto Francisco Gómez Xobobín y Agustín Chintá, don Francisco Atzih Vinak Baqahol, Juan González

---

401 Esta memoria está escrita al final de los anales de 1598.
402 Alude a la reforma del calendario que suprimió diez días del mes de octubre de 1582. Pedro Elias era hijo de Pablo Ximénez.

Ahtún Cuc y los Alcaldes Pedro Ramírez y Pablo Hernández, todos escribieron sus papeles.

Bernabé de Arana, hijo del difunto Diego Xahil, llevó sus papeles ante fray Juan Martínez y este nuestro amado padre fue a presentar los papeles al señor presidente licenciado Valverde. De esta manera se dispuso de acuerdo con nuestro amado padre hacer el documento y título que hicimos y le dimos al Gobernador para que nuestro nombre estuviera también en el título de los Xahilá.

Descendencia de los Gebutá Queh:

247. He aquí el nombre de nuestro bisabuelo Gebutá Tata Ixtoh, nuestro primer abuelo, nuestro bisabuelo que engendró a Gebutá Tata Ixtziquinahay y a Gebutá Moxín, hermano menor de éste.

Gebutá Tata Ixtziquinahay engendró a Gebutá Queh.

Gebutá Moxín engendró a Gebutá Tziquín.

Nosotros, pues, somos sus descendientes. Yo, Francisco, hijo de Gebutá Queh. Mi hermano menor [primo] es Pedro Queh, hijo del difunto Gebutá Tziquín.

Así nosotros los descendientes hemos sabido la historia.

Habiéndose disgustado entre ellos fue despedido Gebutá Tziquín de la casa de Gebutá Queh y conducido a la casa de Taxón Iq Tata Akbal por el Pacal Tata Ah, Chinta Queh, el difunto Tunal Tata Ixtoh y el difunto Coxol Tata Ixquhay. Estando éstos allí después de haber llegado a la casa de Yoxón Iq Tata Akbal, salieron enseguida porque Tata Akbal los llevó a la casa del difunto abuelo Chicop, donde se reunieron.

El abuelo Chicop murió por la noche. El viejo Gonzalo y el Galachí Chicop dijeron que le habían hecho el mal. Así dijeron al principio, así dijo el difunto Francisco Tay. Se acos-

tó, se alteraron sus facciones en presencia del viejo Gonzalo.
Mi difunto padre vio a Francisco Tay, dijo el viejo Gonzalo
cuando contó la historia.

***

Así contaba mi difunto padre y ahora que es muerto ¡hijo
mío! escucha las cosas que me decía cuando estaba haciendo
el árbol genealógico. Y a ti te digo que debes hacerlo como
lo hacía mi padre Gebutá Queh. Yo Francisco Canux, que
engendré a Lorenzo Queh, y el hijo de Lorenzo Queh fue
Diego Batzín.

Esta es nuestra genealogía, que no se perderá, porque nosotros conocemos nuestro origen y no olvidaremos a nuestros antepasados.

(Ms., págs. 14, 15.)

Bibliografía

Alexander, Hartleyburr, 1920. *Mythology of all races*, vol. XI, Latin America, cap. V, Central America, Boston.

Alvarado, Pedro de, 1524. *Cartas de Relación a Hernán Cortés. En Historiadores primitivos de Indias*, Madrid, 1852, 1853, tomo I. También en *Libro Viejo de la Fundación de Guatemala*, Guatemala, 1934.

Autores varios, 1873-1874. *Memorial de Tecpán Atitlán*, escrito por don Francisco Hernández Arana Xahilá y continuado por don Francisco Díaz Xebutá Queh. Versión española de la traducción francesa de Brasseur de Bourbourg, por don Juan Gavarrete. En La Sociedad Económica de Guatemala, tomo 3.°, 29-43. Guatemala.

1907-1908. *Memorial de Tecpán Atitlán*, etc. En Revista del Archivo y Biblioteca Nacional de Honduras, tomo III, Tegucigalpa.

1928. *Memorial de Tecpán Atitlán*, folletín del Diario de Centro-América. Víctor Miguel Díaz, Director. Guatemala.

1933. «El *Memorial de Tecpán Atitlán o Anales de los Cakchiqueles*», por Manuel Galich. En *Anales de la Sociedad de Geografía e Historia*, tomo X, n.° I, págs. 84-98. Septiembre. Guatemala.

1934. *Memorial de Tecpán Atitlán*. (*Anales de los Cakchiqueles*), por Francisco Hernández Arana Xajilá y Francisco Díaz Xebutá Queh. Texto y traducción revisados. Con notas y estudios sobre lingüística guatemalteca, por J. Antonio Villacorta C. Guatemala.

1946. *Memorial de Tecpán Atitlán*. (Ultima Parte), por el Presbítero Celso Narciso Teletor. Guatemala.

Título de los señores de Totonicapán, 1885. Documento escrito en lengua quiché, traducido al castellano en 1834 por el padre Dionisio-José Chonay, Cura de Sacapulas. Acompañado de una traducción francesa por H. de Charencey. Alenzon.

1886. «*Título de los señores de Totonicapán*, escrito en lengua Quiché el año de 1554, etc.» En *Boletín de la Soc. Geográfica*, tomo 20, págs. 149-171, Madrid.

Títulos de Ixcuin-Nehaib, 1876. «Títulos de los antiguos nuestros antepasados, los que ganaron estas tierras de Otzoyá antes que viniera la fe de Jesucristo entre ellos en el año de mil y trescientos.» En *La Sociedad Económica de Guatemala*, tomo IV, núms. 34-36, junio-julio. Guatemala. También en *Anales de la Sociedad de Geografía e Historia. Septiembre*, 1941. Guatemala.

Bankroft, Huberthowe, 1883. *The Native Races of the Pacific States*, 5 vols., San Francisco, 1890. *History of Central America*, 3 vols., San Francisco.

Bandelier, Adolff, 1878. «On the sources of the aboriginal history of Spanish America.» En *American Association of Advanced Science Proceedings*, XXVIII, agosto. También en Peabody Museum, Eleventh Report, 1880, pág. 391.

1881. «Notes on the Bibliography of Yucatan and Central America.» En *Proc. American Antiquarian Society*, Worcester, Massachusetts.

Barela, Fray Francisco, *Vocabulario Kakchikel*. Ms. Museo Nacional de México, 267 ff.

Brasseur de Bourbourg, Charles Étienne, 1857. *Histoire des Nations Civilisées du Mexique et de l'Amérique Centrale*, 4 vols., París.

1861. *Popol Vuh. Le Livre Sacré et les mythes de Vantiquité américaine, avec les libres herdiques et historiques des Quichés*. Texto quiché y traducción francesa. París.

1871. *Bibliothéque Mexico-Guatémalienne*, París.

Brinton, Daniel G., 1869. «A notice of some Manuscripts in Central American languages.» En *American Journal of Science and Arts*, New Haven.

1882. *The Maya Chronicles*, Filadelfia.

1883. *Aboriginal American Authors and their productions*, Filadelfia.

1884. *A Grammar of the Cakchiquel Language of Guatemala. With an Introduction and additions*, Filadelfia.

1885. *The Annals of the Cakchiquels. The original text with a translation, notes and introduction*, Filadelfia.

1893. «The native calendar of Central America and México: A study in linguistics and symbolism.» En *Proc. American Philosophic Society*, XXXI. Filadelfia.

Cosío, David Alberto, 1936. «El Libro de los cakchiqueles.» En *Anales de la Sociedad de Geografía e Historia*, Guatemala, diciembre.

Coto, padre Thomas, *Vocabulario de la lengua cakchiquel en Guatemalteca*, Ms. de la Biblioteca de la American Philosophic Society, Filadelfia.

Díaz del Castillo, Bernal, 1939. *Historia Verdadera de la Conquista de la Nueva España*, 3 vols., México.

Díaz Vasconcelos, Luis Antonio, 1942. *Apuntamientos para la historia de la literatura guatemalteca. Épocas Indígena y Colonial*, Guatemala.

Flores, Fray Ildefonso Joseph, 1753. *Arte de la lengua metropolitana del Reyno Cakchiquel o Guatemalico, con un Paralelo de las lenguas metropolitanas de los Reynos Kiché, Cakchiquel y Zutuhil, etc.* Guatemala.

Fuentes y Guzmán, Francisco de, 1882. *Historia de Guatemala o Recordación Florida*, 2 vols. Madrid.

1932-1933. *Recordación Florida. Edición de la Sociedad de Geografía e Historia*, 3 vols., Guatemala.

Gavarrete, Francisco, 1868. *Geografía de la República de Guatemala*, 2.

ed., Guatemala.

Genét, Jean, 1934. *Revue des Études Maya-Quichées*, París.

Genét et Chelbatz, 1927. *Histoire des peuples Maya-Quichés*, París.

Jiménez Moreno, Wigberto, 1941. «Tula y los Toltecas según las fuentes históricas.» En *Revista Mexicana de Estudios Antropológicos*, tomo V, núms. 2-3, México.

1945. *Introducción a la Guía Arqueológica de Tula*, de Alberto Ruz Lhuillier. México.

Juarros, Domingo, 1808-1818. *Compendio de la Historia de la Ciudad de Guatemala*, 2 vols., Guatemala. Reimpresa en Guatemala en 1857 y 1936.

Lardé, Jorge, 1926. «El calendario usado por el analista cakchiquel.» En *El Salvadoreño*, San Salvador, 26 y 27 de julio.

Long, Richard C. E., 1935. «The dates in the annals of the Cakchiquels and a note on the 260-day period of the Maya.» En *Journal of the Royal Anthropological Institute of Great Britain and Ireland*, Londres, LXIV: 57-68.

Lothrop, Samuel Kirkland, 1933. *Atitlán. An Archaeological study of ancient remains on the borders of Lake Atitlán, Guatemala*, Carnegie Institution of Washington, Publ. n.° 472. Washington, D. C.

Ludewig, Hermann E., 1858. *The Literature of American Aboriginal Languages*, Londres.

Mcbryde, Webster, 1933. *Sololá: a Guatemalan town and Cakchiquel market center; a preliminary report*, Dept. of Middle American Research, Tulane University, Nueva Orleans.

Milla, José, 1879-1882. *Historia de la América Central*, 2 vols., Guatemala, 1937. Idem. 2. ed., 2 vols., Guatemala.

Molina, Alonso de, 1571. *Vocabulario de la lengua mexicana*. México.

Montalbán, Leonardo, 1929-1931. *Historia de la literatura de la América Central*, 2 vols., San Salvador.

Morley, Sylvanus G., 1947. *La Civilización Maya*, México.

Newberry Library, 1941. A *Bibliographical List of North and Middle American Indian Linguistics in the Edward E. Ayer Collection*, Chicago, 2 vols.

Nouvelles Annales des Voyages, 1857. «Nouvelles découvertes d'antiquités monumentales dans l'Amérique Centrale», por José Antonio Urrutia. Sobre las guerras de los cakchiqueles con los pipiles. En *Les Nouvelles Annales des Voyages, de la Géographie, de l'Histoire et de l'Archéologie*, tomo CLIII, págs. 175-186, París.

Pardo, J. Joaquín, 1944. Efemérides para escribir la historia de la Muy Noble y Muy Leal Ciudad de Santiago de los Caballeros de Guatemala. 1541-1779, Guatemala.

Proceso contra Pedro de Alvarado, 1847. *Proceso de residencia contra*

Pedro de Alvarado, México.

Raynaud, Georges, 1893. *Les manuscrits précolombiens*, París.

1925. *Les dieux, les héros et les hommes de Vanden Guatémala d'aprés le Livre du Conseil*, (*Popol Vuh*). París.

1927. *Los dioses, los héroes y los hombres de Guatemala antigua*, o *Libro del Consejo. Popol Vuh* de los indios quichés. Traducción castellana de Miguel Ángel Asturias y J. M. González de Mendoza. París.

1937. *Anales de los Xahil de los indios cakchiqueles*. Traducción de la versión francesa inédita por M. Ángel Asturias y J. M. González de Mendoza. París.

1939 El *Libro del Consejo*, traducción y notas de Georges Raynaud, J. M. González de Mendoza y Miguel Ángel Asturias. México.

1946. *Anales de los Xahil*, reimpresión de la edición de 1937. México.

Recinos, Adrián, 1947. *Popol Vuh. Las antiguas historias del Quiché*, México.

Remesal, Fray Antonio de, 1932. *Historia de la Provincia de San Vicente de Chiapa y Guatemala*, 2 vols. Guatemala.

Rivera Maestre, Miguel, 1832. *Atlas Guatemalteco, en ocho cartas formadas y grabadas en Guatemala de orden del jefe del Estado*, C. doctor Mariano Gálvez. Guatemala. Contiene un plano de las ruinas de Tecpán Guatemala y un plano y vista de las ruinas de Santa Cruz Quiché (Utatlán).

Rosales, Fray Carlos J., 1919. *Gramática del Idioma Cachiquel*, escrita en 1748 por un religioso franciscano, el R. padre fray Carlos Rosales (?). Con una introducción, bibliografía cachiquel-quiché-zutuhil, correcciones, etc., por el padre fray Daniel Sánchez García, Guatemala.

Sáenz de Santa María, Fray Carmelo, 1940. *Diccionario Cakchiquel-Español*, Guatemala.

Schoembs, Jakob, 1905. *Material zur Sprache von Comalapa in Guatemala*, Dortmund.

Schuller, Rudolf F., 1930. «Breve contribución a la bibliografía del idioma K'ak'ciq'el, dialecto mayakicé de Guatemala.» En *Int. Journal of American Linguistics*, vol. 6, n. 1, marzo.

Seler, Eduard, 1902. «De Chronologie der Cakchiquel Annalen.» En Gesammelte Abhandlungen zur amerikanischen Sprach und Altertumskunde, tomo 1, págs. 504-506.

1918. «Ueber die Herkunft einiger Gestalten der Quiché und Cakchiquel Mythen.» En Ges. Abhandl., tomo III.

1923. «Totemismus in Mittel Amerika.» En *Ges. Abhandl.*, tomo V.

Spence, Lewis, *An Introduction to Mythology*, Nueva York.

Spinden, Herbert J., 1924. «The reduction of Mayan dates.» *Papers, Peabody Museum of African Anthropology and Ethnology*, vol. VI.

Squier, E. G., 1861. *Monograph of Authors who have written in the lan-*

guages of Central America and collected vocabularies or composed works in the native dialects of that country, Londres.

Standley, Paul C., 1930. *Flora of Guatemala*, Chicago.

Standley, Paul C. y Steyermark, Julian A., 1946. *Flora of Guatemala*, Chicago.

Stephens, John L., 1841. *Incidents of travel in Central America, Chiapas and Yucatan*, 2 vols., Nueva York.

1939-1940. *Incidentes de viaje en Centro-América*, Chiapas y Yucatán, Benjamín Mazariegos Santizo (traducción), revisada por Pablo Burgess, 2 vols. Quetzaltenango, Guatemala.

Stoll, Dr. Otto, 1884. *Zur ethnographie der Republik Guatemala*, Zúrich.

1885. «Supplementary remarks on a Grammar of the Cakchiquel Language translated by Dr. Brinton.» En *Proc. of the American Philos. Society.*

1889. «Die Ethnologie der Indianerstámme von Guatemala.» En *Int. Archiv für Ethnologie*, supl. al vol. I, págs. 1-112, Leiden.

1938. *Etnografía de la República de Guatemala*, Antonio Goubaud Carrera (traducción), Guatemala.

The Annals of the Cakchiquels, 1886. *En American Naturalist*. Extra. Mayo.

Townsend, Guillermo C., 1937. «Comparaciones morfológicas entre cakchiquel y náhuatl basadas en el náhuatl de Tetelcingo, México.» En *Investigaciones lingüísticas*, tomo 4.°, núms. 3-4, págs. 324-331, México.

Vázquez, Fray Francisco, 1714-1716. *Chronica de la Provincia del Santísimo Nombre de Jesús de Guatemala*, 2 vols., Guatemala.

1937-1944. *Idem*, 2. edición, 4 vols. Guatemala.

Vela, David, 1943-1944. *Literatura Guatemalteca*, 2 vols. Guatemala.

Vinaza, Conde de la, 1892. *Bibliografía española de lenguas indígenas de América*, Madrid.

Winsor, Justin, 1884-1889. *Narrative and Critical History of America*, Justin Winsor (ed.), Library of Harvard University, 8 vols., vol. I, Aboriginal America, Boston y Nueva York.

Ximénez, Fray Francisco, 1929-1931. *Historia de la Provincia de San Vicente de Chiapa y Guatemala*, 3 vols., Guatemala.

Libros a la carta

A la carta es un servicio especializado para
    empresas,
    librerías,
    bibliotecas,
    editoriales
    y centros de enseñanza;
    y permite confeccionar libros que, por su formato y concepción, sirven a los propósitos más específicos de estas instituciones.

Las empresas nos encargan ediciones personalizadas para marketing editorial o para regalos institucionales. Y los interesados solicitan, a título personal, ediciones antiguas, o no disponibles en el mercado; y las acompañan con notas y comentarios críticos.

Las ediciones tienen como apoyo un libro de estilo con todo tipo de referencias sobre los criterios de tratamiento tipográfico aplicados a nuestros libros que puede ser consultado en Linkgua-ediciones.com.

Linkgua edita por encargo diferentes versiones de una misma obra con distintos tratamientos ortotipográficos (actualizaciones de carácter divulgativo de un clásico, o versiones estrictamente fieles a la edición original de referencia).

Este servicio de ediciones a la carta le permitirá, si usted se dedica a la enseñanza, tener una forma de hacer pública su interpretación de un texto y, sobre una versión digitalizada «base», usted podrá introducir interpretaciones del texto fuente. Es un tópico que los profesores denuncien en clase los desmanes de una edición, o vayan comentando errores de interpretación de un texto y esta es una solución útil a esa necesidad del mundo académico.

Asimismo publicamos de manera sistemática, en un mismo catálogo, tesis doctorales y actas de congresos académicos, que son distribuidas a través de nuestra Web.

El servicio de «libros a la carta» funciona de dos formas.

1. Tenemos un fondo de libros digitalizados que usted puede personalizar en tiradas de al menos cinco ejemplares. Estas personalizaciones pueden ser de todo tipo: añadir notas de clase para uso de un grupo de estudiantes, introducir logos corporativos para uso con fines de marketing empresarial, etc. etc.

2. Buscamos libros descatalogados de otras editoriales y los reeditamos en tiradas cortas a petición de un cliente.